Helmut F. Kaplan

Freude, schöner Götterfunken

Glück zwischen Schmerz und Tod

Impressum

Freude, schöner Götterfunken
Glück zwischen Schmerz und Tod
1. Auflage
Helmut F. Kaplan
www.tierrechte-kaplan.org

Layout und Umschlaggestaltung
Ruben Schmitt
www.art-e-fakt.org
Mit freundlicher Unterstützung von
www.farbauftrag-dresden.de

Herstellung und Verlag
Books on Demand GmbH
Norderstedt
ISBN-13: 978-3-8334-9705-6

© Mai 2007

Inhaltsverzeichnis

Vorwort

Aus Gründen, die hier nicht interessieren sollen, blieb das Manuskript zu diesem kleinen Buch ein paar Jahre liegen. Am Abend jenes Tages, an dem ich die nochmalige Lektüre beendet hatte, wäre ich fast von einem Auto überfahren worden. Das paßte insofern, als ich dadurch noch einmal dramatisch an die vielleicht wichtigste Botschaft dieser Arbeit erinnert wurde: Nichts, was wir besitzen, etwa Gesundheit, ist selbstverständlich; deshalb sollten wir dafür dankbar sein, es angemessen würdigen – und alles daran setzen, es zu erhalten.

Meine Vorsicht gegenüber der allgegenwärtigen Gefahr, in einem Auto oder durch ein Auto verletzt oder getötet zu werden, ist freilich kaum mehr zu erhöhen. Meine Bekannten halten meine Auto-Aversion schon jetzt für neurotisch. Tatsächlich ist sie freilich höchst realistisch: Unsere Straßen sind nicht nur ein sprichwörtliches, sondern ein tatsächliches Schlachtfeld, der individuelle Autoverkehr der mit Abstand absurdeste Wahnsinn, den wir uns in Friedenszeiten und –regionen erlauben!

Womit wir bei einer weiteren Aussage dieser Schrift wären: Die Welt ist – um mit Schopenhauer zu sprechen – ein Tollhaus. Täglich sehen wir im Fernsehen und in der Zeitung Bilder von grauenvollen Autounfällen in unserer unmittelbaren Umgebung, aber kein Mensch käme auf die Idee, für sich daraus Konsequenzen zu ziehen. Anstatt dessen werden diejenigen, die ihre Augen nicht vor dieser Realität verschließen, als verrückt erklärt. Aber – noch einmal Schopenhauer: „Man bestreite keines Menschen Meinung; sondern bedenke, daß wenn man alle Absurditäten, die er glaubt, ihm ausreden wollte, man Methusalems Alter erreichen könnte, ohne damit fertig zu werden."

Szenen- und Themenwechsel: "Augenblick verweile, du bist so schön." An einem Ort bleibt die Zeit tatsächlich stehen: im Stiegl Keller - genauso wie der blaue Himmel darüber bestehen bleibt. Hier, in einem Salzburger Biergarten über den Dächern der Altstadt empfing ich wesentliche Impulse für diese Arbeit. Wer einen der üblichen Ratgeber nach dem Motto "Ich will alles und das sofort!" erwartet, wird enttäuscht werden. Im folgenden geht es weniger um das Erreichen von Zielen, sondern vielmehr um die Würdigung dessen, was wir besitzen.

Ich möchte mich bei allen, die die Veröffentlichung dieser Arbeit ermöglicht haben, herzlich bedanken. Das sind allen voran Ruben Schmitt (Layout und Umschlaggestaltung) und Josie Wendt (Lektorat).

Die Finanzierung wurde ermöglicht durch die freundliche Unterstützung von Karin Hilpisch, Stefan Traxler, United Creatures und Verein gegen Tierfabriken.

Außerdem danke ich jenen, die meine Arbeit zum Teil bereits seit vielen Jahren fördern: Peter Beck, Gunda Birkemeyer, Oliver Busse, Brigitte Fabian, Herbert F. Fuchs, Hertha Heger, Erika und Dr. Paul Heilmann, Magdalena Lerner, Bernd-Wolfgang Meyer, Patricia Militano, Reinhard Niemeyer, Österreichische Vegetarier Union, Irmela Rüsse, Conrad Schmitt, Beatrix Szanya, Thomas Winger, Hilde Zaruba sowie eine Spenderin, die ungenannt bleiben möchte.

Salzburg, im Juni 2000 und im November 2006
Helmut F. Kaplan

10

Einleitung

"Lebenserfahrung ist etwas, das man hat, wenn man es nicht mehr braucht." Ziel dieses Buches ist es, den Wirklichkeitsgehalt dieses meines Wissens von Egon Friedell stammenden Wortes für den Leser etwas zu verringern: "Seine Lektionen" anstatt ausschließlich durch eigenen Schaden auch durch fremde Erfahrung zu lernen, ist zweifellos die vorteilhaftere Alternative.

Alles hängt davon ab, daß wir rechtzeitig wenigstens einige Fehler erkennen, um nicht alle Fehler bis zum Schluß zu machen. Nur dann können wir des bescheidenen Glücks, das auf Erden möglich ist, teilhaftig werden. Das ist nicht viel, aber besser als nichts.

1. Lebensbejahung - ein irrationaler Akt?

1.1 Leben als Verlustgeschäft

"Das Leben verliert so dadurch, dass man es kennen lernt", stellt der Kabarettist Josef Hader (Profil, 13, 2000, S. 14) trocken fest. In der Tat: Wenn wir jene Kriterien, die wir *im Leben* anwenden, *auf das Leben selbst* anwenden, kommen wir zwangsläufig zum Ergebnis: Das Leben ist nicht lebenswert, denn es ist ein gigantisches Verlustgeschäft.

"Freude, schöner Götterfunken, Tochter aus Elysium." Wenn Freude nur ein Funken ist, der obendrein aus dem Paradies stammt, kann man sich ausmalen, wie selten sie auf Erden ist. Jede Freude, jedes Glück muß durch ein Vielfaches an Unglück und Leiden erkauft werden. Im täglichen Leben würde sich kein Mensch wissend und vorsätzlich auf ein solches Verlustgeschäft, bei dem die Nachteile die Vorteile so deutlich und dramatisch überwiegen, einlassen: ein Gerät kaufen, das die meiste Zeit *nicht* funktioniert, einen Beruf wählen, der fast immer Ärger bereitet, usw.

Aber beim Leben selbst scheint uns dieses unübersehbare Mißverhältnis zwischen Vor- und Nachteilen, zwischen Glück und Leid nicht zu stören. Wenigstens ziehen nur vergleichsweise wenige jene Konsequenz, die der Konsequenz auf eine falsche Kauf- oder Berufsentscheidung entspräche: sich aus dem Verlustgeschäft Leben möglichst rasch zurückzuziehen.

Dabei ist diese negative Bilanz des Lebens ja durchaus für jeden erkennbar und tagtäglich erlebbar. Und Philosophen und Wissenschaftler haben dieses Charakteristikum des Lebens auch wortgewaltig auf den Punkt gebracht. So spricht etwa Arthur Schopenhauer (1977) von der Welt als einem "Ort der Buße" und von einer "Strafanstalt" (IX, S. 328). Und für Sigmund Freud (1974,

15

S. 208) ist das Programm des Lustprinzips "im Hader mit der ganzen Welt .... Es ist überhaupt nicht durchführbar, alle Einrichtungen des Alls widerstreben ihm".

Schopenhauer (1977) hat diese "pessimistische" Weltsicht systematisch und anschaulich formuliert. Im folgenden eine kurze Darstellung seiner Position:

Alles Glück ist negativ, nicht real, illusionär. Warum? Weil die Voraussetzung für jegliche Befriedigung, für jeglichen Genuß, für jegliches "Glück" ein entsprechender vorausgehender *Wunsch* ist, der seinerseits als unbefriedigender *Mangel* erlebt wird. Sobald der Wunsch aber befriedigt ist, hört nicht nur der Wunsch, sondern auch der Genuß auf. Was man mit der Erfüllung eines Wunsches also letztlich einzig und allein - bestenfalls - erreichen kann, ist die *Befreiung* von einem Mangel- bzw. Notzustand und die *Wiederherstellung* jenes Zustandes, der herrschte, bevor man den Wunsch hatte.

Deshalb können wir Glück auch immer nur indirekt erkennen und erleben: durch Vergegenwärtigung der vorangegangenen Leiden und Entbehrungen, die aufhörten, als die Wunscherfüllung eintrat. Alle Güter und Vorteile, die wir besitzen, beglücken lediglich negativ, das heißt Leiden abhaltend.

Höchst real und unmittelbar gegeben sind hingegen Mangel, Entbehrung und Schmerz. Das Leiden ist das Dauernde und Reale, Glück und Genuß gleichen hingegen einer Fata Morgana, die nur aus der Ferne sichtbar ist und verschwindet, sobald man sich ihr nähert. "Das Glück", sagt Voltaire, "ist nur ein Traum - wirklich ist der Schmerz." (Ebenda, II, S. 399 f.; VIII, S. 442, 445)

Das Verkennen dieser Wahrheit ... ist die Quelle vielen Unglücks. Während wir nämlich von Leiden frei sind, spiegeln unruhige Wünsche uns die Chimären eines Glückes vor, das gar nicht existirt, und verleiten uns sie zu verfolgen: dadurch bringen wir den Schmerz, der unleugbar real ist, auf uns herab. Dann jammern wir über den verlorenen schmerzlosen Zustand .... So scheint es, als ob ein böser Dämon uns aus dem schmerzlosen Zustande, der das höchste wirkliche Glück ist, stets herauslockte, durch die Gauckelbilder der Wünsche. (Ebenda, VIII, S. 444)

Daß allein Schmerz und Mangel real sind und es kein dauerndes, echtes Glück geben kann, zeigt uns auch die Literatur, die das Wesen der Welt und des menschlichen Lebens widerspiegelt:

Jede epische, oder dramatische Dichtung ... kann immer nur ein Ringen, Streben und Kämpfen um Glück, nie aber das bleibende und vollendete Glück selbst darstellen. Sie führt ihren Helden durch tausend Schwierigkeiten und Gefahren bis zum Ziel: sobald es erreicht ist, läßt sie schnell den Vorhang fallen. Denn es bliebe ihr jetzt nichts übrig, als zu zeigen, daß das glänzende Ziel, in welchem der Held das Glück zu finden wähnte, auch ihn nur geneckt hatte, und er nach dessen Erreichung nicht besser daran war, als zuvor. (Ebenda, II, S. 401)

Wer den trügerischen Charakter allen Glücks erkannt hat, wird nicht mehr nach Glück und Genuß streben, sondern vielmehr danach trachten, Schmerzen und Leiden zu vermeiden. "Nicht dem Vergnügen, der Schmerzlosigkeit geht der Vernünftige nach." (Aristoteles) Diese Welt, diesen "Schauplatz des Jammers", in einen Ort der Lust verwandeln zu wollen, ist die "größte Verkehrtheit" überhaupt. Ungleich vernünftiger handelt, wer die Welt "als eine Art

Hölle" betrachtet und danach strebt, sich darin eine "feuerfeste Stube" einzurichten.

Das glücklichste Los hat demnach der gezogen, dem es gelingt, übergroße Schmerzen zu vermeiden, nicht der, dem die größten Genüsse zuteil wurden. Wer nach letzteren sein Lebensglück beurteilt, hat einen falschen Maßstab ergriffen, weil alle Genüsse negativ sind und nicht wirklich beglücken können. Die Schmerzen sind hingegen real. Deshalb ist ihre Abwesenheit der Maßstab für unser Lebensglück. Kommt zum schmerzlosen Zustand noch die Abwesenheit von Langeweile, "so ist das irdische Glück im Wesentlichen erreicht".

Das Lebensglück bemißt sich nicht nach den genossenen Freuden, sondern nach den vermiedenen Übeln. Und das sicherste Mittel, um nicht sehr unglücklich zu werden, ist, daß man nicht verlange, sehr glücklich zu sein. Sehr unglücklich zu sein, ist sehr leicht. Sehr glücklich zu sein aber nicht nur schwer, sondern schlicht unmöglich.

So ist denn das menschliche Leben ein recht "trauriges und jämmerliches Loos". Wo man auch hinsieht, erblickt man "dieses Ringen und Zappeln und Quälen, um die elende, kahle, nichts abwerfende Existenz". "Woher denn anders hat *Dante* den Stoff zu seiner Hölle genommen, als aus dieser unserer wirklichen Welt? Und doch ist es eine recht ordentliche Hölle geworden." (Ebenda, VIII, S. 441-446, 514 f.; II, S. 406)

So sehr man sich auch bemühen mag, das menschliche Leben herauszuputzen, ihm Bedeutung, Pracht und Würde zu verleihen - seine wahre Dürftigkeit und Armseligkeit scheint doch recht bald durch allen "Jahrmarktsflitter" durch. Alle Nüsse sind hohl, wie sehr sie auch vergoldet sein mögen. Und so bleibt uns nichts anders übrig, als zu "entsagen und ertragen" (Epiktet) - "eine Regel, ohne deren Beobachtung weder Reichthum, noch Macht verhindern können, daß wir uns armsälig fühlen". (Ebenda, VIII, S. 537, 535, 478)

Und erst das Ende des Lebens! Das Alter "gleicht dem fünften Akt eines Trauerspiels: man weiß, daß ein tragisches Ende nahe ist; aber man weiß noch nicht, welches es seyn wird". (Ebenda, VIII, S. 538) Zu allem Überdruß verweigert uns das Schicksal auch noch jegliche Würde und quält uns zusätzlich mit Langeweile:

Es ist wirklich unglaublich, wie nichtssagend und bedeutungsleer, von außen gesehn, und wie dumpf und besinnungslos, von innen empfunden, das Leben der allermeisten Menschen dahinfließt. Es ist ein mattes Sehnen und Quälen, ein träumerisches Taumeln durch die vier Lebensalter hindurch zum Tode, unter Begleitung einer Reihe trivialer Gedanken. Sie gleichen Uhrwerken, welche aufgezogen werden und gehn, ohne zu wissen warum; und jedesmal, daß ein Mensch gezeugt und geboren worden, ist die Uhr des Menschenlebens aufs Neue aufgezogen, um jetzt ihr schon zahllose Male abgespieltes Leierstück abermals zu wiederholen .... (...)

Das Leben jedes Einzelnen ist, wenn man es im Ganzen ... übersieht ..., eigentlich immer ein Trauerspiel; aber im Einzelnen durchgegangen, hat es den Charakter des Lustspiels. Denn das Treiben und die Plage des Tages, die rastlose Neckerei des Augenblicks, das Wünschen und Fürchten der Woche, die Unfälle jeder Stunde ... sind lauter Komödienscenen. Aber die nie erfüllten Wünsche, das vereitelte Streben, die vom Schicksal unbarmherzig zertretenen Hoffnungen, die unsäligen Irrthümer des ganzen Lebens, mit dem steigenden Leiden und Tode am Schlusse, geben immer ein Trauerspiel. So muß, als ob das Schicksal zum Jammer unsers Daseyns noch den Spott fügen gewollt, unser Leben alle

19

Wehen des Trauerspiels enthalten, und wir dabei doch nicht ein Mal die Würde tragischer Personen behaupten können, sondern, im breiten Detail des Lebens, unumgänglich läppische Lustspielcharaktere seyn.

So sehr nun aber auch große und kleine Plagen jedes Menschenleben füllen und in steter Unruhe und Bewegung erhalten, so vermögen sie doch nicht die Unzulänglichkeit des Lebens zur Erfüllung des Geistes, das Leere und Schaale des Daseyns zu verdecken, oder die Langeweile auszuschließen, die immer bereit ist jede Pause zu füllen, welche die Sorge läßt. (Ebenda, II, S. 402 f.)

So sieht also unser Dasein aus. Und dies trifft im wesentlichen für alle Menschen und Lebensläufe zu - so sehr der äußere Schein und die äußeren Unterschiede auch anderes suggerieren mögen. Wo und wie das Leben auch immer geführt werden möge, es verhält sich damit "wie mit der Zuckerbäckerware": Es gibt vielerlei Figuren und Farben, aber alles ist "aus einem Teig geknetet". Welche Rolle einer auf der Bühne des Lebens auch spielen mag - dahinter steckt immer "der selbe arme Tropf, mit seiner Noth und Plage". (Ebenda, VIII, S. 508, 347)

1.2 Radikale Lebensverneinung

Aus dieser niederschmetternden Diagnose über die Beschaffenheit des menschlichen Daseins zieht Ulrich Horstmann (1985) in seinem Buch *Das Untier* eine recht radikale, nichtsdestotrotz aber doch recht schlüssige Konsequenz: anstatt der üblichen Versuche, die Welt zu retten, sollten wir sie vielmehr in die Luft jagen. Horstmann entwirft ein großartiges Szenario, an dessen Schlußpunkt das bewußt herbeigeführte kollektive Ende des irdischen Lebens und Leidens steht.

Seine Perspektive ist dabei die "anthropofugale", die der Menschenflucht: "Gemeint ist damit ein Auf-Distanz-Gehen des Untiers [des Menschen, H. F. K.] zu sich selbst und seiner Geschichte, ein unparteiisches Zusehen, ein Aussetzen des scheinbar universalen Sympathiegebotes mit der Gattung, der der Nachdenkende selbst angehört, ein Kappen der affektiven Bindungen." (Ebenda, S. 8)

Zur Veranschaulichung der anthropofugalen Weltsicht bringt Horstmann das Bild einer Raumkapsel, die sich im Laufe ihrer Erdumkreisungen immer weiter von der Erde entfernt, um schließlich für immer in den tiefen des Alls zu verschwinden. Die Emotionen und Wahrnehmungen des sich in der Raumkapsel befindlichen Astronauten gleichen denen des anthropofugalen Philosophen: So wie sich der Raumfahrer mit physikalischer Fluchtgeschwindigkeit aus dem Schwerefeld der Erde löst, so entflieht der anthropofugal Denkende mit intellektueller Fluchtgeschwindigkeit der Gravitation des Humanismus, jener Haltung, die den Menschen - in tragischer

21

Verkennung seiner wohlverstandenen Interessen - an das Leben und Leiden auf Erden kettet. (Ebenda, S. 8 f.)

Horstmann knüpft zwar an die aktuelle Weltlage mit ihrer militärischen Hochrüstung an, sein Blickwinkel ist aber ein weiterer. Er fahndet nach den geistesgeschichtlichen Wurzeln des anthropofugalen Denkens - und warnt vor Überheblichkeit gegenüber den anthropofugalen Ahnherren:

Umgeben von den wohlgefüllten, wohlgewarteten Arsenalen der Endlösung, im begründeten Vertrauen auf die angesparten Overkill-Kapazitäten ..., haben wir Letztgeborenen naturgemäß leicht kritisieren gegenüber Denkern, die statt über unmittelbare Anschauung nur über deren metaphysische Surrogate, über die Hilfskonstruktionen idealistischer Einbildungen verfügten, in denen selbst das undenkbar war, was heute als überholte Waffengeneration schon wieder zur Ausmusterung ansteht. Tadeln wir also mit Rücksicht und Bedacht und sehen wir dem anthropofugalen Denken eines Arthur Schopenhauer und Eduard von Hartmann nach, daß sie bei aller Brillanz zwar die Aufgabe definierten, das geeignete Bewältigungsverfahren aber noch nicht entdecken konnten, wenngleich im nachhinein die Lösung nicht weniger augenfällig scheint als ihr simpler philosophischer Imperativ: "Das Leiden muß ein Ende haben!" (Ebenda, S. 55)

Dieses Leiden ist es, das Horstmann umtreibt - und jenes Ziel anstreben läßt, das dem humanistischen Ziel der Verbesserung der Welt wohl nur scheinbar widerspricht: die Auslöschung der Welt und die damit verbundene Beendigung allen Leidens. Für Horstmann ist diese Welt die "Senkgrube der Schöpfung", eine "um ihre Achse rotierende Folterkammer". (Ebenda, S. 100)

Dem kann ehrlich und ernsthaft wohl auch nicht widersprochen werden. Und angesichts dieses endlosen Leidens plädiert Horstmann für eine großzügig angelegte und sorgfältig vorbereitete Endlösung, für einen finalen Akt heroischer Selbstauslöschung. Und er sieht die Menschheit heute - endlich - gut gerüstet für die konkrete Realisierung dessen, was die anthropofugalen Wegbereiter nur vage erhoffen konnten. Schließlich habe sich der Mensch bewundernswert gründlich auf sein Ende vorbereitet:

Sind nicht alle anderen Kreaturen bei Gift und Stachel, bei Klaue, Zahn und Horn stehengeblieben? (...) Nicht so das Untier. Unter Hintanstellung von Frieden und Freundschaft, von Liebe und Leben hat es sich der Vervollkommnung jener Wehrhaftigkeit verschrieben, die ihm die Natur so nachdrücklich verweigert. Mit höchster Hingabe hat es die Erde von seinen bescheidenen Anfängen in jenem Geröllfeld an, wo es sich die ersten Waffen zurechtschlug, über einen vieltausendjährigen mühevollen Aufrüstungsprozeß in eine einzige Waffenschmiede verwandelt .... Nicht ein Jahrzehnt des Ausruhens, der Rast und des völligen Friedens hat sich das Untier ... seit der Antike gegönnt, sondern waffenklirrend Schritt vor Schritt gesetzt, Hieb um Hieb geführt .... (...)

Wären diejenigen, die im Troß des Kyros, Alexander, Caesar mitmarschierten, in den Horden des Attila und Dschingis-Khan vorwärtsstürmten, nicht dem Kriegsgott, sondern den vielgestaltigen Lehren der Menschenliebe gefolgt, wir ständen heute noch mit Steinäxten und

23

Wurfhölzern da und hätten nicht die geringste Aussicht, dem fleischgewordenen Leiden auf diesem Planeten in absehbarer Zeit ein Ende zu bereiten. So aber sind wir mit unseren rastlosen Anstrengungen nahe ans Ziel gekommen. Wir haben das ABC der Abschreckung durchbuchstabiert. Wir sind befähigt, der organischen Qual ein Cannae zu bereiten, von dem sie sich nicht mehr erholen wird. Und wir haben zu guter Letzt erkannt, daß wir selbst der auserwählten Generation angehören, die die apokalyptischen Visionen des Mythos in die Wirklichkeit übersetzen wird und damit die uralte Sehnsucht der Gattung, nicht mehr sein zu müssen, in Erfüllung gehen läßt. (...)

Tiergattungen mögen aussterben, von Seuchen dahingerafft, ihrer ökologischen Nische beraubt, überspezialisiert, dem Druck der Nahrungskonkurrenten nicht mehr gewachsen, ohnmächtig den Gesetzen der Natur ausgeliefert; nicht so der Mensch. Er hat sich auf die Hinterbeine gestellt und aufgerichtet vor der Schöpfung; autonom geworden und dem biologischen Selektionsdruck entwachsen läßt er auf diese Weise nicht mehr mit sich umspringen - sondern entledigt sich seiner in eigener Regie. (Ebenda, S. 56-59)

Allerdings, mahnt Horstmann, dürften wir jetzt so kurz vor dem Ziel nicht Geduld und Nerven verlieren und uns leichtfertig, voreilig und selbstsüchtig in den Abgrund stürzen. Vielmehr gelte es, kühlen Kopf zu bewahren und gewissenhaft alle notwendigen Vorbereitungen zu treffen, damit der ultimative Anschlag auf das Leben auch wirklich gelingt und *alle* Leidenden erlöst:

Ist es ... nicht die verwerflichste aller Taten, so man die Mittel besitzt, nur sich selbst die große Absolution zu erteilen, sich auszulöschen aus dem Register der Leidenden, den Brutschrank der Qualen aber intakt zu lassen für alle übrige Kreatur? Sind wir nicht alle Kinder jener ersten Zelle, der das Sterben mißlang? Sind wir nicht *ein* schmerzdurchglühtes, schüttelndes, quiekendes Fleisch, das um Erlösung wimmert? Sind denn das Reh, der Delphin, die Ameise, die Lilie weniger als wir, nur weil sie nicht zu sagen verstehen, was sie leiden?

(...)

Nur noch wenige Jahrzehnte der Forschung und Erprobung sind vonnöten, um uns Waffen in die Hand zu geben, die die Erlösung allen Lebens, die globale Pasteurisierung von den Gipfeln der Berge bis in die Nacht der Tiefseegräben werden bewirken können. Nur noch eine Generation Geduld und Zurückhaltung, und die Apokalypse wird nicht mehr nur eine verräterische private, sondern die aller Geschöpfe sein! (...)

Das also ist die wirkliche Wahl, die wir zu treffen haben. Eine Wahl ... zwischen rücksichtslosem Gattungssuizid ohne Mitleid und Erbarmen für die hinterbliebenen Muscheln, Flechten, Fliegen und Ratten ... und einem verantwortungsvollen Annihilismus, der uns drei oder vier Schritte über das unmittelbare Gattungsziel hinaus zumutet - hinein in die Solidarität des von allem Lebendigen nachgesprochenen kategorischen *Nein*.

(Ebenda, S. 102 f.)

1.3 Heroische Lebensbejahung

So zutreffend die Analyse, so überzeugend die Lösung und so brillant die Sprache Horstmanns auch immer sein mögen: Ich kann mich mit diesem Programm nicht identifizieren; geschweige denn es aktiv umsetzen. Das mag meinem Intellekt und meiner Objektivität nicht das beste Zeugnis ausstellen. Aber wer einmal das Glück - oder Pech - hatte, hier auf Erden zu landen, der kann nun einmal das Leben und die Welt nicht mehr mit den Augen eines unbeteiligten Raumfahrers betrachten.

Wenigstens kann ich es nicht. Ich liebe das Leben - *obwohl* ich weiß, daß dies in einem ganz elementaren Sinne irrational ist, weil das Leben immer ein Verlustgeschäft ist, weil seine Bilanz immer negativ ist, weil die Leiden die Freuden immer überwiegen.

Dennoch: So scharfsinnig Schopenhauers Ausführungen über den illusionären Charakter des Glücks insgesamt auch sein mögen - ganz zutreffend sind sie nicht. Denn daß Glück *immer* eine Täuschung ist, stimmt schlicht nicht. *Selten* ist es, das Glück, ja, und meist sehr kurz - und obendrein erkennen wir es oft erst im nachhinein. Aber es gibt auch echte glückliche Augenblicke, die genauso wirklich sind, wie Schmerzen wirklich sind - was freilich nichts daran ändert, daß jede Sekunde der Freude mit Stunden, Tagen und Wochen des Leidens erkauft wird.

Was ich hier - den üblichen Sprachgebrauch beibehaltend - vertreten möchte, ist so etwas wie ein gemäßigter Pessimismus oder ein heroischer Optimismus. (Die übliche Charakterisierung von Schopenhauers Position als "pessimistisch" halte ich sachlich für unsinnig. Schopenhauer ist, von vereinzelten Überspitzungen vielleicht abgesehen, schlicht Realist.)

Denn wahr bleibt bei allem berechtigten Erschaudern vor der grausamen Lebensbilanz auch dies: Wir haben ja nur die Alternative: entweder diese irdische Existenz mit all ihren dauernden Leiden anzunehmen und zu versuchen, dem Schicksal ein paar glückliche Augenblicke abzutrotzen, oder uns *gleich* dem Nichts, dem Nicht-mehr-Sein - und dem Nie-wieder-Sein! - zu überantworten.

In *dieser* Situation kann es durchaus sinnvoll sein zu sagen: Auch wenn das Leiden das Glück stets überwiegt, so ziehe ich dennoch dieses immens teuer erkaufte Glück dem Nichtsein vor. Ich entscheide mich bewußt für das geringe Maß an möglichem Glück und nehme dafür den diabolisch hohen Preis, den ein unbarmherziges Schicksal dafür verlangt, in Kauf. Ich entschließe mich zur Gratwanderung auf dem schmalen Steg des Glücks über dem Abgrund des Todes. Ich lasse mich auf die Glückssuche, dieses Abenteuer gegen den Lauf der Welt, ein. Ich nehme den letztlich gewiß vergeblichen, aber vielleicht doch lohnenden Kampf gegen die Natur, gegen die Evolution, gegen die Schwerkraft des Todes und Leidens auf - um dieser teuflischen Schöpfung, die nach Glück dürstende Wesen zum Leiden programmiert hat, so viel Freude wie möglich abzutrotzen. Ich will die paradiesische Oase des nichtleidenden Seins so groß, blühend und dauerhaft machen, wie dies nur irgend möglich ist.

Den hierfür verlangten Preis zahlen zu wollen, ist zwar aus der Binnenperspektive des Lebens betrachtet, gewiß irrational. Aber "von außen", global, quasi vom All aus gesehen, kann diese

Entscheidung durchaus sinnvoll sein: Angesichts der Alternative: entweder gleich das ewige Nichts oder aber ein paar Augenblicke des Glücks erleben - wenn auch für einen frivol hohen Preis -, ist die Entscheidung für diese raren Glücksmomente nicht unbedingt unvernünftig. Und schließlich: Was bedeutet in diesem Zusammenhang schon "vernünftig" oder "unvernünftig"!

Der Schlüssel für die angemessene Gesamtperspektive liegt nicht in der Binnen-Kosten-Nutzen-Analyse, sondern in der unzumutbaren Wahl, die uns aufgezwungen wird: entweder ein paar Splitter des im Kosmos so ungeheuer seltenen und kostbaren Gutes Glück ergattern oder aber gar kein Glück erleben.

Gerade die Seltenheit des Glücks macht es so wertvoll. Schöne Augenblicke sind Juwelen. Juwelen zwar in einem Meer von Belanglosigkeit, Trauer und Schmerz, aber dennoch Juwelen. Wer dieses wenige Glück wegen seiner Knappheit verschmäht, könnte mit einem Verhungernden verglichen werden, der die paar Essensreste, die er endlich findet, wegwirft, weil es nicht mehr sind.

2. Glück im Unglück: Wie man das Leben bewältigt

Wenn wir uns für das Leben entscheiden, ist es gewiß sinnvoll, es so leidensfrei wie möglich zu gestalten. Obwohl Schopenhauer (1977), wie wir oben (1.1) gesehen haben, das Leben im Grunde für nicht lebenswert erachtet, stellt er in seinen berühmten *Aphorismen zur Lebensweisheit* dennoch Regeln für eben dieses Leben auf. Er beschreibt diesen Widerspruch am Anfang der *Aphorismen* wie folgt:

Ich nehme den Begriff der Lebensweisheit hier gänzlich im immanenten Sinne, nämlich in dem der Kunst, das Leben möglichst angenehm und glücklich durchzuführen, die Anleitung zu welcher auch Eudämonologie genannt werden könnte: sie wäre demnach die Anweisung zu einem glücklichen Daseyn. Dieses nun wieder ließe sich ... definiren als ein solches, welches ... bei kalter und reiflicher Ueberlegung, dem Nichtseyn entschieden vorzuziehen wäre. (...) Ob nun das menschliche Leben dem Begriff eines solchen Daseyns entspreche ..., ist eine Frage, welche bekanntlich meine Philosophie verneint; während die Eudämonologie die Bejahung derselben voraussetzt. (...) Um eine solche dennoch ausarbeiten zu können, habe ich daher gänzlich abgehn müssen von dem höheren, metaphysisch-ethischen Standpunkte, zu welchem meine eigentliche Philosophie hinleitet. (Ebenda, VIII, S. 343)

Mit anderen Worten: Die folgenden, aus Schopenhauers (1977, VIII) *Aphorismen zur Lebensweisheit* ausgewählten und zusammengefaßten Regeln sehen von Schopenhauers "pessimistischer" philosophischer Grundposition ab. Daß wir diese Maximen als ernsthaft empfehlenswert betrachten, stimmt mit unseren obigen Ausführungen (1.3) überein, in denen wir uns Schopenhauers Position nicht zur Gänze zu eigen gemacht haben.

33

2.1 Bekämpfung der Langeweile

Wie wir am Ende der Darstellung von Schopenhauers Weltsicht (1.1) gesehen haben, beherrschen zwei Dinge das menschliche Leben: Not bzw. Mangel, Leiden und Schmerz einerseits und Langeweile andererseits. Der Zusammenhang zwischen diesen bedenklichen "Grundpfeilern" unserer Existenz ist ein zweifacher. Erstens sind Not und Langeweile quasi wechselseitige Stellvertreter: Sobald wir der Not entrinnen, lauert bereits die Langeweile, um ihren Platz einzunehmen. Und im Zuge der Bekämpfung der Langeweile manövrieren wir uns fast zwangsläufig in irgendwelche leidensträchtige Situationen.

Zweitens haben wir es bei Not und Langeweile mit den gleichen psychodynamischen Kräften zun tun: Die nämlichen Kräfte, mit denen wir die Not bekämpfen, verursachen, sobald wir hierbei erfolgreich sind, Langeweile, indem sie quasi "arbeitslos" werden. Wenn es uns nicht gelingt, diese frei gewordenen Kräfte rasch anderweitig zu kanalisieren, verursachen sie uns unerträgliche Langeweile. (Ebenda, S. 366 f.)

So wie unser physisches Leben aus unaufhörlicher Bewegung besteht, so fordert auch unser psychisches Leben dauernde Beschäftigung mit irgendetwas - mittels Handeln oder Denken. Untätigkeit wird uns rasch unerträglich, indem sie gräßliche Langeweile erzeugt. Am befriedigendsten ist es, etwas herzustellen, sei es eine Handarbeit, ein Kunstwerk oder ein Buch. (Ebenda, S. 478 f.)

Sich zu mühen und mit dem Widerstande zu kämpfen ist dem Menschen Bedürfniß, wie dem Maulwurf das Graben. (...) Hindernisse überwinden

34

ist der Vollgenuß seines Daseyns; sie mögen materieller Art seyn, wie beim Handeln und Treiben, oder geistiger Art, wie beim Lernen und Forschen: der Kampf mit ihnen und der Sieg beglückt. (Ebenda, S. 479)

Am besten, anhaltendsten und beglückendsten entgehen wir der Langeweile durch systematisches Trainieren (Lernen, Üben usw.) und Ausleben unserer geistigen bzw. kulturellen Begabungen. Denn dies schützt uns nicht nur vor Langeweile, sondern bewahrt uns obendrein auch noch vor den negativen Begleiterscheinungen, die jede Langeweilebekämpfung mittels Hingabe an Leidenschaften mit sich bringt: Schmerzen - Leidenschaft viel Leiden schafft! Am glücklichsten ist, wer eine künstlerische oder wissenschaftliche Disziplin meisterhaft beherrscht und vollkommen in ihr aufgeht. Dies versetzt uns in eine Region, "welcher der Schmerz wesentlich fremd ist, gleichsam in die Atmosphäre der leicht lebenden Götter". (Ebenda, S. 348, 479, 367-373)

2.2 Heiterkeit

"Wer eben fröhlich ist hat allemal Ursache es zu seyn: nämlich eben diese, daß er es ist." Nichts kann so vollkommen jedes andere Gut ersetzen wie Heiterkeit. Aber Heiterkeit ihrerseits kann durch kein anderes Gut ersetzt werden. Ist jemand jung, schön und reich, so muß man, will man sein Glück beurteilen, fragen: Und ist er dabei auch heiter? Ist aber jemand heiter, so ist es völlig egal, ob er jung oder alt, schön oder häßlich, reich oder arm ist: Er ist glücklich!

Deshalb sollen wir der Heiterkeit stets Tür und Tor öffnen, denn sie kommt nie zur falschen Zeit. Oft überlegen wir ängstlich, ob wir auch allen Grund hätten, zufrieden und heiter zu sein. Oder wir befürchten, in unseren ernsthaften Überlegungen gestört zu werden. Allein: was wir durch diese bessern werden, ist höchst ungewiß. Heiterkeit ist hingegen immer ein sicherer Gewinn. Sie ist gleichsam die bare Münze des Glücks, während alles andere nur die Gutschrift dafür ist.

Zur Heiterkeit trägt nichts weniger bei als Reichtum und nichts mehr als Gesundheit. Deshalb sollten wir zur Erhaltung und Beförderung unserer Gesundheit alles in unserer Macht Stehende unternehmen. Es ist heller Wahnsinn, seine Gesundheit der Erwerbung irgendeines anderen Gutes zu opfern.

Wie sehr unser Glück von der heiteren Stimmung und diese von der Gesundheit abhängt, zeigt folgende bekannte Tatsache: Die gleichen Vorfälle, die wir, treffen sie uns bei guter Gesundheit und Stimmung, "locker wegstecken", bringen uns zur Verzweiflung, wenn sie uns in kränklichem und ängstlichem Zustand treffen. (Ebenda, S. 354-356)

2.3 Meinung anderer

Wir legen der Meinung anderer unendlich viel mehr Wert bei, als dies unserem Glück zuträglich ist. Es ist geradezu unglaublich, wie empfindlich wir reagieren, wenn wir gelobt oder getadelt werden. Selbst auf die leiseste positive oder negative Bewertung reagieren wir oft in einem Maße, das wider jegliche Vernunft ist: "So leicht, so klein ist das, was den nach Lob Dürstenden niederdrückt und erhebt." (Horaz) Ja selbst, wo ein Lob erkennbar geheuchelt ist, freuen wir uns darüber wie die kleinen Kinder.

Da wir in solch irrationalem Maße von der Meinung anderer abhängig sind, muß man hier wohl von so etwas wie einer menschlichen Manie sprechen. Bei allem, was wir tun oder lassen, fragen wir uns fast vor allem anderen, wie wohl unsere Umgebung darauf reagieren werde. Und bei genauer Betrachtung würden wir erkennen, daß die Hälfte unserer Sorgen und Ängste auf unserer Abhängigkeit von der Meinung anderer beruht.

Von solchen Abhängigkeiten und Empfindlichkeiten gilt es, sich zu befreien - sowohl in bezug auf Lob wie auch in bezug auf Tadel, "denn Beides hängt am selben Faden". Kaum etwas könnte zu unserem Glück mehr beitragen als "das Herausziehn dieses immerfort peinigenden Stachels aus unserm Fleisch".

Welch absurde Blüten unsere maßlose Überbewertung der Meinung anderer treiben kann, zeigt sich insbesondere im Angesicht des Todes. Viele zum Tode Verurteilte nutzen ihre letzten Stunden ausschließlich dazu, eine kleine Rede auszuarbeiten und auswendig zu lernen, die sie vor ihrer Hinrichtung zum besten geben wollen. (Ebenda, S. 386-391)

Der folgende Bericht in den *Times* vom 31. März 1846 bezieht sich auf die Hinrichtung des Handwerksgesellen Thomas Wix, der aus Rache seinen Meister ermordet hatte:

"An dem zur Hinrichtung festgesetzten Morgen fand sich der hochwürdige Gefängnißkaplan zeitig bei ihm ein. Allein *Wix*, obwohl sich ruhig betragend, zeigte keinen Antheil an seinen Ermahnungen: vielmehr war das Einzige, was ihm am Herzen lag, daß es ihm gelingen möchte, vor den Zuschauern seines schmachvollen Endes, sich mit recht großer Bravour zu benehmen. --- Dies ist ihm denn auch gelungen. Auf dem Hofraum, den er zu dem, hart am Gefängniß errichteten Galgenschafott zu durchschreiten hatte, sagte er: 'Wohlan denn, wie Doktor Dodd gesagt hat, bald werde ich das große Geheimniß wissen!' Er gieng, obwohl mit gebundenen Armen, die Leiter zum Schafott ohne die geringste Beihülfe hinauf: daselbst angelangt machte er gegen die Zuschauer, rechts und links, Verbeugungen, welche denn auch mit dem donnernden Beifallsruf der versammelten Menge beantwortet und belohnt wurden, u. s. w." - Dies ist ein Prachtexemplar der Ehrsucht, den Tod, in schrecklichster Gestalt, nebst der Ewigkeit dahinter, vor Augen, keine andere Sorge zu haben, als die, um den Eindruck auf den zusammengelaufenen Haufen der Gaffer und die Meinung, welche man in deren Köpfen zurücklassen wird! (Ebenda, S. 390 f.)

Nun ist es gewiß lohnend und zweckmäßig, sich zu vergegenwärtigen, warum es eigentlich so unsinnig und schädlich ist, auf die Meinung anderer dermaßen großen Wert zu legen:

1) Unmittelbare Wirklichkeit und Bedeutung besitzt für uns nur, was wir in und für uns selber sind. Und der Ort, an dem dieses sich ausschließlich befindet und abspielt, ist das *eigene Bewußtsein*. Der Ort dessen, was wir in den Augen anderer sind, ist hingegen das

fremde Bewußtsein, die Vorstellung, die andere von uns haben. Und diese ist nun etwas, das unmittelbar für uns überhaupt nicht vorhanden ist.

Die höchsten Stände, in ihrem Glanz, in ihrer Pracht und Prunk und Herrlichkeit und Repräsentation jeder Art können sagen: "unser Glück liegt ganz außerhalb unserer Selbst: sein Ort sind die Köpfe Anderer."

Die Vorstellung, die andere von uns haben, berührt uns nur mittelbar, insofern nämlich, als sie Einfluß darauf hat, wie uns die anderen behandeln. Und auch dies kommt nur insofern zum Tragen, als es Einfluß darauf hat, wie wir selbst uns fühlen, was wir in und für uns selber sind.

Mit anderen Worten: Jeder lebt zunächst und wirklich in seiner eigenen Haut und nicht in der Meinung anderer. Und deshalb ist unser realer persönlicher Zustand, wie er durch Gesundheit, Fähigkeiten, Einkommen, Familie, Wohnort usw. bestimmt wird, für unser Glück unendlich wichtiger, als das, was andere von uns denken. Sieht man dann, "wie fast Alles, wonach die Menschen, ihr Leben lang, mit rastloser Anstrengung und unter tausend Gefahren und Mühsäligkeiten, unermüdlich streben, zum letzten Zwecke hat, sich dadurch in der Meinung Anderer zu erhöhen ...; so beweist Dies leider nur die Größe der menschlichen Thorheit". (Ebenda, S. 387-389)

2) Zu alledem kommt, daß "die Köpfe der Menge ein zu elender Schauplatz [sind], als daß auf ihm das wahre Glück seinen Ort haben könnte" (ebenda, S. 434). Wenn wir "von der Oberflächlichkeit ... der Gedanken, von der Beschränktheit der Begriffe, von der Kleinlichkeit der Gesinnung, von der Verkehrtheit

der Meinungen und von der Anzahl der Irrthümer in den allermeisten Köpfen eine hinlängliche Kenntniß erlangen", werden wir gegenüber dem, was andere denken, allmählich gleichgültig werden. (Ebenda, S. 387) Ganz zu schweigen davon, daß sich "fast Jeder ... krank ärgern würde, wenn er vernähme, was Alles von ihm gesagt und in welchem Tone von ihm geredet wird" (ebenda, S. 392).

Aber selbst, wenn uns, selten genug, mit Achtung und Verehrung begegnet wird, haben wir meist wenig Anlaß, uns hierüber besonders zu freuen, zumal dann, wenn es sich bei den in Frage stehenden gelobten Leistungen um solche höherer Art handelt. Denn die allermeisten Menschen sind völlig außerstande, solche aufgrund eigenen Urteils zu würdigen, weshalb sie fremden Autoritäten folgen, die ihrerseits oft genug auf fragwürdigem Fundament stehen.

Daher kann auch der vielstimmigste Beifall der Zeitgenossen für denkende Köpfe nur wenig Werth haben, indem sie in ihm stets nur das Echo weniger Stimmen hören, die zudem selbst nur sind, wie der Tag sie gebracht hat. Würde wohl ein Virtuose sich geschmeichelt fühlen durch das laute Beifallsklatschen seines Publikums, wenn ihm bekannt wäre, daß es, bis auf Einen oder Zwei, aus lauter völlig Tauben bestände, die, um einander gegenseitig ihr Gebrechen zu verbergen, eifrig klatschten, sobald sie die Hände jenes Einen in Bewegung sähen? Und nun gar, wenn die Kenntniß hinzu käme, daß jene Vorklatscher sich oft bestechen ließen, um dem elendsten Geiger den lautesten Applaus zu verschaffen! (Ebenda, S. 437)

3) Damit sind wir bei einem ganz entscheidenden Punkt angelangt: Keiner kann über sich selbst hinaussehen, jeder kann im anderen nur erkennen, was, wenigstens ansatzweise, auch in ihm selbst vorhanden ist. Jeder kann den anderen nur aufgrund seiner eigenen

Intelligenz erfassen und verstehen. Ist nun diese niedrigster Art, "so werden alle Geistesgaben, auch die größten, ihre Wirkung auf ihn verfehlen und er an dem Besitzer derselben nichts wahrnehmen, als bloß das Niedrigste ..., also nur dessen sämmtliche Schwächen, Temperaments- und Charakterfehler". Allein daraus wird der andere für ihn zusammengesetzt sein. Dessen höheren Fähigkeiten und Eigenschaften bleiben für ihn ebenso unsichtbar wie Farbe für einen Blinden. "Alle Geister sind Dem unsichtbar, der keinen hat." (Ebenda, S. 487 f.)

Jeder kann also nur das ihm Entsprechende, das ihm Homogene erkennen und schätzen.

Nun ist aber dem Platten das Platte, dem Gemeinen das Gemeine, dem Unklaren das Verworrene, dem Hirnlosen das Unsinnige homogen, und am allerbesten gefallen Jedem seine eigenen Werke, als welche ihm durchaus homogen sind. (...)

Wie selbst der kräftigste Arm, wenn er einen leichten Körper fortschleudert, ihm doch keine Bewegung ertheilen kann, mit der er weit flöge ..., weil es ihm an eigenem materiellen Gehalte gefehlt hat, die fremde Kraft aufzunehmen; - eben so ergeht es schönen und großen Gedanken, ja den Meisterwerken des Genies, wenn, sie aufzunehmen, keine andere, als kleine, schwache, oder schiefe Köpfe dasind. (**Ebenda**, S. 429 f.)

Da "jede Werthschätzung ... ein Produkt aus dem Werthe des Geschätzten mit der Erkenntnißsphäre des Schätzers" ist, folgt, daß wir uns bei jeder Unterhaltung mit "Dummköpfen und Narren" notwendig nach unten nivellieren, indem alles, was wir ihnen voraushaben, verschwindet. So gibt es denn auch nur einen Weg, solchen Menschen gegenüber "seinen Verstand an den Tag zu legen, und der ist, daß man mit ihnen nicht redet". (Ebenda, S. 488)

Wer mit einem Narren redet, der redet mit einem Schlafenden. Wenn es aus ist, so spricht er: was ist's? (Jesus Sirach)

Du wirkest nicht, Alles bleibt so stumpf.
Sei guter Dinge!
Der Stein im Sumpf
Macht keine Ringe.
(Sprichwort)

Wenn ein Kopf und ein Buch zusammenstoßen und es klingt hohl; ist denn das allemal im Buche? (Lichtenberg)

Solche Werke sind Spiegel: wenn ein Affe hineinguckt, kann kein Apostel heraussehn. (Lichtenberg) (Ebenda, S. 430)

Aus dem Gesagten ergibt sich, nebenbei bemerkt, auch, warum besonders gewöhnliche Menschen so ungewöhnlich gesellig sind, immer und überall gleich "so rechte, liebe, wackere Leute" kennenlernen. Denn zwar gilt allgemein, daß sich "Geistesverwandte" rasch erkennen und zueinender finden, aber zum Tragen kommt dies naturgemäß vor allem bei den gewöhnlichen Naturen: "Verwandte Seelen grüßen sich von ferne. Am häufigsten freilich wird man Dies an niedrig Gesinnten, oder schlecht Begabten, zu beobachten Gelegenheit haben; aber nur weil diese legionenweise existiren" (ebenda, S. 486).

4) Noch einmal zurück zur Tatsache, daß höhere Leistungen von den Menschen so schwer und selten als solche erkannt und geschätzt werden. Zu den bereits angeführten Gründen, warum die Menschen solche Leistungen oft nicht erkennen *können*, kommt auch noch eine starke Motivation, sie nicht erkennen zu *wollen* : Sobald irgendwo eine außerordentliche Leistung sichtbar wird, ruft dies das Heer der Mittelmäßigen auf den Plan, die sich gegen das Verdienst verbünden und verschwören - aus naheliegendem Grund: Neid. Denn durch das Anerkennen dieser Leistung würde ja nichts anderes geschehen, als daß wieder einmal jemand über sie hinausgehoben wird, was nichts anderes bedeutet, als daß sie selbst um eben dieses Maß herabgesetzt werden. Jeder Ruhm wird auch auf Kosten derer erlangt, die selbst keinen haben.

Aber selbst diejenigen, die selbst bereits Ruhm erlangt haben, haben kein gesteigertes Interesse, diesen mit "Neuankömmlingen" zu teilen, geht doch der Glanz neuen Ruhms zu Lasten ihres eigenen: (Ebenda, S. 431 f.)

Hätt´ ich gezaudert zu werden,
Bis man mir´s Leben gegönnt,
Ich wäre noch nicht auf Erden,
Wie ihr begreifen könnt,
Wenn ihr seht, wie sie sich geberden,
Die, um etwas zu scheinen,
Mich gerne möchten verneinen.
(Goethe, Zahme Xenien, V.) (Ebenda, S. 432)

2.4 Einsamkeit

Was es mit der Geselligkeit auf sich hat, haben wir ansatzweise bereits ausgeführt: Je mehr jemand an sich selber hat, desto weniger Anlaß hat er, die Gesellschaft anderer zu suchen - weil er nur von wenigen verstanden wird und sich auf das niedrigere Niveau seiner Gesprächspartner begeben muß, um mit diesen kommunizieren zu können.

Denn jede Gesellschaft erfordert eine gegenseitige Angleichung derer, aus denen sie besteht, ein Begeben auf den kleinsten gemeinsamen Nenner quasi. Daraus folgt: Je größer die Gesellschaft, desto fader wird sie. Und: je mehr einer an sich selber hat, desto mehr wird er in der Gesellschaft verlieren. Denn diese nötigt uns um des Einklangs mit den anderen willen, "einzuschrumpfen, oder gar uns selbst zu verunstalten". Wir müssen uns selbst verleugnen, "3/4 unserer selbst aufgeben, um uns den Andern zu verähnlichen. Dafür haben wir dann freilich die Andern: aber je mehr eigenen Werth Einer hat, desto mehr wird er finden, daß hier der Gewinn den Verlust nicht deckt und das Geschäft zu seinem Nachtheil ausschlägt".

Kurz: "Je mehr Einer an sich selber hat, desto weniger können Andere ihm seyn." Diese Zufriedenheit mit sich selbst, ist es, die Menschen von Wert abhält, jene Opfer zu bringen, die jede Gesellschaft uns automatisch abverlangt. Und "das Gegentheil ... macht die gewöhnlichen Leute so gesellig ...: es wird ihnen ... leichter, Andere zu ertragen, als sich selbst".

Denn wovor die Menschen in die Gesellschaft fliehen, ist die eigene Armseligkeit und Monotonie - "sehn doch viele von ihnen schon aus, als hätten sie immmerfort nur Einen und den selben

44

Gedanken, unfähig irgend einen andern zu denken". Daraus erklärt sich nun nicht nur, warum die meisten Menschen so langweilig sind, sondern auch, warum sie so gesellig sind "und am liebsten heerdenweise einhergehn": Sie ertragen ihre eigene Monotonie nicht. Übel werden dadurch erleichtert, daß man sie gemeinsam trägt, "daher sie sich zusammensetzen, um sich gemeinschaftlich zu langweilen". (Ebenda, S. 457-461)

Glücklich schätzen kann sich, wer sich selber genügt, wer mit Cicero sagen kann: "All meinen Besitz trage ich bei mir." So wie jenes Land am besten daran ist, welches weniger oder keiner Einfuhr bedarf, so ist der Mensch zu beneiden, der über eigenen inneren Reichtum verfügt: "Das Glück gehört denen, die sich selber genügen." (Aristoteles) (Ebenda, S. 457, 363)

Dies hat unter anderem folgende Gründe: Einerseits weiß jeder aus eigener Erfahrung nur zu gut, daß man sich letztlich nur auf sich selber verlassen kann. Echte Freundschaft zählt zu jenen Dingen, "von denen man, wie von den kolossalen Seeschlangen, nicht weiß, ob sie fabelhaft sind, oder irgendwo existiren". (Ebenda, S. 459, 499)

Andererseits bringt der Umgang mit anderen unausweichlich endlose Ärgernisse, Beschwerden, Zwänge, ja Gefahren mit sich. Bringt uns doch die Geselligkeit in aller Regel in Kontakt mit "sehr defekten Exemplaren der menschlichen Natur", mit "Wesen, deren große Mehrzahl moralisch schlecht und intellektuell stumpf oder verkehrt ist". Deshalb gilt es zu bedenken, was Bernardin de St. Pierre so formulierte: "Die Enthaltsamkeit in der Ernährung sichert uns die körperliche Gesundheit, und die Enthaltsamkeit im Umgang mit Menschen die Seelenruhe." (Ebenda, S. 468, 463)

Das Schicksal ist grausam und die Menschen sind erbärmlich. In einer so beschaffenen Welt gleicht Der, welcher viel an sich selber hat, der hellen, warmen, lustigen Weihnachtsstube, mitten im Schnee und Eise der Decembernacht. Demnach ist eine vorzügliche, eine reiche Individualität und besonders sehr viel Geist zu haben ohne Zweifel das glücklichste Loos auf Erden. (Ebenda, S. 364)

In der Einsamkeit, wo jeder auf sich selber angewiesen ist, fühlt sich auch jeder, wie er wirklich ist: "In ihr fühlt der Jämmerliche seine ganze Jämmerlichkeit, der große Geist seine ganze Größe, kurz, Jeder sich als was er ist." "Da seufzt der Tropf im Purpur unter der unabwälzbaren Last seiner armsäligen Individualität; während der Hochbegabte die ödeste Umgebung mit seinen Gedanken bevölkert und belebt." Die Folgen der lähmenden Langeweile zu beobachten, die alle befällt, die ihrer eigenen Armseligkeit überdrüßig sind, hat man immer und überall reichlich Gelegenheit. Betroffen sind naturgemäß besonders die Großen und Reichen dieser Welt, denen nicht der Kampf gegen die tägliche Not Schutz vor der Langeweile bietet. Im folgenden eine Schilderung von Lukretius: (Ebenda, S. 361, 458)

Oft verläßt er den großen Palast und eilet ins Freie,
Weil ihn das Haus anekelt, bis daß er plötzlich zurückkehrt,
Weil er fühlt, daß er draußen um nichts sich besser befindet.
Oder er jagt mit den Rossen in schleunigem Trabe zur Villa,
Als wenn brennte das Haus, und er eilte, das Feuer zu löschen;
Aber sobald er die Schwelle betreten hat, gähnt er gelangweilt,
Oder er fällt in Schlaf und sucht sich selbst zu vergessen.

Wenn er nicht vorzieht, sich wieder zurück zur Stadt zu begeben. (Ebenda, S. 366)

Je nachdem, was einer an sich selber hat und wie er sich demnach fühlt, wenn er mit sich alleine ist, bewerten und verwenden die Menschen auch ihre freie Zeit. Für die Geistreichen ist sie das kostbarste Gut überhaupt, "während den Allermeisten die freie Muße nichts abwirft, als einen Kerl, mit dem nichts anzufangen ist, der sich schrecklich langweilt". (Ebenda, S. 363)

So wurden zur Bekämpfung der Leere und Langeweile, die die meisten Menschen augenblicklich befällt, sobald sie der Mühe und Plage des Lebens entronnen sind, Spiele aller Art ersonnen.

Fehlt es daran, so hilft der beschränkte Mensch sich durch Klappern und Trommeln, mit Allem, was er in die Hand kriegt. (...) Daher ... ist, in allen Ländern, die Hauptbeschäftigung aller Gesellschaft das Kartenspiel geworden: es ist der Maaßstab des Werthes derselben und der deklarirte Bankrott an allen Gedanken. Weil sie nämlich keine Gedanken auszutauschen haben, tauschen sie Karten aus. (Ebenda, S. 362)

Wer, zumal in jüngeren Jahren, die Einsamkeit nicht durchgängig erträgt, sollte, um sich vor den Nachteilen und Gefahren der Gesellschaft soweit als möglich zu schützen, wenigstens einen Teil seiner Einsamkeit auch in die Gesellschaft mitnehmen, also lernen, auch in der Gesellschaft bis zu einem gewissem Grade alleine zu sein. Dazu gehört vor allem: Was man denkt, "nicht sofort den Andern mitzutheilen, und andererseits mit Dem, was sie sagen, es nicht genau zu nehmen, vielmehr, moralisch wie intellektuell, nicht viel davon zu erwarten". Die Gesellschaft läßt sich mit einem Feuer

47

vergleichen, "an welchem der Kluge sich in gehöriger Entfernung wärmt, nicht aber hineingreift, wie der Thor, der dann, nachdem er sich verbrannt hat, in die Kälte der Einsamkeit flieht und jammert, daß das Feuer brennt". (Ebenda, S. 469 f.)

2.5 Realistische Weltsicht

Wir sollten uns alle Zeit der prekären Grundbeschaffenheit des Lebens bewußt sein, uns stets vergegenwärtigen, welch "trauriges und jämmerliches Loos das menschliche Daseyn" darstellt und daß Unfälle, große wie kleine, das eigentliche Element des Lebens bilden. Damit erreichen wir zweierlei: Wer sich der stets lauernden mannigfaltigsten Gefahren bewußt ist, kann vielen Unfällen durch Wachsamkeit und Vorsicht vorbeugen. Und wer sich der kolossalen Übel bewußt ist, die jeden Augenblick über uns hereinbrechen können, sieht die tatsächlich eingetretenen Widrigkeiten in einem realistischen Licht, nämlich: als nur sehr kleinen Teil dessen, was kommen könnte. (Ebenda, S. 514 f.)

Oft denken wir beim Anblick dessen, was wir nicht besitzen: "Wie toll wäre es doch, wenn wir das hätten!" Ungleich vernünftiger wäre es aber, die umgekehrte Haltung einzunehmen: "Wie traurig wäre es, wenn ich das, was ich besitze, nicht mehr besäße!" Das heißt, wir sollten uns zuweilen bemühen, das, was wir haben, so anzusehen, wie es uns vorschweben würde, nachdem wir es verloren hätten: Eigentum, Gesundheit, Partner, Kind - alles. Zum einen würde uns dann der Besitz dessen, was wir haben, viel mehr beglücken. Und zum anderen würden wir alle Vorkehrungen treffen, um eben dieser Güter nicht verlustig zu gehen. (Ebenda, S. 476)

Man kann diesen perspektivischen Aspekt, auf den Schopenhauer hier hinweist, in der Tat kaum überschätzen. Unser Unglück besteht wirklich in aller Regel in einem völlig verkehrten Verhältnis zur Realität. Wenn wir uns klar machen würden, was uns alles jederzeit passieren kann und was vielen anderen schon passiert ist - die Hospitäler rund um uns sind voll von Kranken und Verletzten!

-,dann würden wir in einer ganz anderen Welt leben. Wer gehen, sehen und reden kann und obendrein auch noch keine Schmerzen hat, hat wahrlich schon *sehr* gute Gründe, dankbar und mit seinem Schicksal zufrieden zu sein!

Auf den Punkt gebracht: Stellen wir uns doch einmal lebhaft vor, wir lägen jetzt, *in diesem Augenblick*, schwer krank oder schwer verletzt, trost- und hoffnungslos in einem Heim oder Krankenhaus: Als welch ein Paradies, als welch Himmel auf Erden erschiene uns dann exakt jener Zustand, in dem wir uns augenblicklich befinden!

2.6 Gegenwart genießen

Ganz entscheidend für unser Glück ist der richtige Umgang mit Vergangenheit, Gegenwart und Zukunft. Und hier gilt es zu allererst, sich immer wieder zu vergegenwärtigen, *daß allein die Gegenwart wirklich und gewiß ist.* Nur sie ist real erfüllte Zeit, nur in ihr liegt unser Dasein. Die Zukunft fällt fast immer anders aus, als wir erwarten, und auch die Vergangenheit war in Wirklichkeit meist ganz anders, als wir uns an sie erinnern. Mit beiden hat es demnach viel weniger auf sich, als wir denken. Die Ferne, die dem Auge die Gegenstände verkleinert, vergrößert sie in unserem Denken.

Die, welche, mittelst Streben und Hoffen, nur in der Zukunft leben ... und mit Ungeduld den kommenden Dingen entgegeneilen, als welche allererst das wahre Glück bringen sollen, inzwischen aber die Gegenwart unbeachtet und ungenossen vorbeiziehn lassen, sind ... jenen Eseln in Italien zu vergleichen, deren Schritt dadurch beschleunigt wird, daß an einem, ihrem Kopf angehefteten Stock ein Bündel Heu hängt, welches sie daher stets dicht vor sich sehn und zu erreichen hoffen. Denn sie betrügen sich selbst um ihr ganzes Daseyn, indem sie stets nur ... vorläufig ... leben, - bis sie todt sind.

Deshalb sollten wir jede erträgliche, von unmittelbaren Widrigkeiten und Schmerzen freie Gegenwart ganz bewußt genießen und sie uns nicht durch Verdruß über das Vergangene oder durch Sorgen über das Kommende verderben lassen. (Ebenda, S. 452 f.)

Außerdem sollten wir uns in guten und gesunden Tagen stets bewußt sein, wie wir uns in schlechten Zeiten an diese gute Gegenwart erinnern werden: Dann wird uns jede schmerz- und

51

entbehrungslose Stunde als unendlich beneidenswert, ja als verlorenes Paradies erscheinen. Wie aber gehen wir mit unseren schönen Tagen um? Wir lassen sie vorüberziehen, ohne sie überhaupt zu bemerken, geschweige denn zu würdigen. Erst wenn die schlimmen Tage kommen, wünschen wir uns die guten zurück. Auf diese Weise lassen wir tausend angenehme, heitere Stunden mit verdrießlicher Miene ungenossen vorüberziehen, um sie uns später vergeblich zurückzuwünschen.

Statt dessen sollten wir jede erträgliche Gegenwart, auch die alltägliche, welche wir jetzt so gleichgültig vorüberziehn lassen, ... in Ehren halten, stets eingedenk, daß sie eben jetzt hinüberwallt in jene Apotheose [Vergöttlichung, Verherrlichung, H. F. K.] der Vergangenheit, woselbst sie fortan, vom Lichte der Unvergänglichkeit umstrahlt, vom Gedächtnisse aufbewahrt wird, um, wann dieses einst, besonders zur schlimmen Stunde, den Vorhang lüftet, als ein Gegenstand unserer innigen Sehnsucht sich darzustellen. (Ebenda, S. 454)

2.7 Optimismus

Grundsätzlich sollten wir uns nur von solchen künftigen Übeln beunruhigen lassen, deren Eintreten gewiß ist und deren Eintrittszeit ebenfalls feststeht. Und das sind erfreulicherweise nur sehr wenige. Denn die allermeisten Übel sind entweder bloß möglich, allenfalls wahrscheinlich, oder aber sie sind zwar gewiß, aber ihre Eintrittszeit ist völlig offen. "Läßt man nun auf diese beiden Arten sich ein; so hat man keinen ruhigen Augenblick mehr." Deshalb sollten wir ungewisse Übel so betrachten, als kämen sie nie, gewisse, aber zeitlich unbestimmte so, als kämen sie sicher nicht so bald. (Ebenda, S. 453 f.)

Dennoch geraten wir auch immer wieder in unangenehme oder gefährliche Situationen, deren Ausgang zwar noch offen ist (Stichwort: ungewisse Übel), die uns aber dennoch, ob wir dies nun wollen oder nicht, sehr beunruhigen. Dann sollten wir denken: Solange ein glücklicher Ausgang auch nur möglich ist, "darf an kein Zagen gedacht werden, sondern bloß an Widerstand". (Ebenda, S. 517)

Dann gibt es aber doch immer wieder auch solche künftigen unangenehmen Ereignisse, bei denen sowohl das Eintreten als auch die Eintrittszeit feststehen - es müssen ja nicht immer gleich große Katastrophen sein -, etwa ein Abend oder ein Wochenende mit jemandem, der einem auf die Nerven geht. Hier erweist sich die Strategie der strikten, systematischen Gegenwartsfixierung (die ich unabhängig von Schopenhauer formuliere) als sehr hilfreich.

Die bewußte Konzentration auf die Gegenwart ist deshalb ein so geeignetes Mittel, um schwierige Zeiten aller Art zu überstehen, weil die *unmittelbare Gegenwart*, das wirkliche *Hier und*

Jetzt in aller Regel durchaus erträglich bzw. neutral ist. (Was natürlich bei großem, existentiellem Leid oder unmittelbaren körperlichen Schmerzen nicht der Fall ist.)

Unangenehme Lebensphasen sind sehr oft dadurch gekennzeichnet, daß wir uns vor etwas Künftigem fürchten: einem Arztbesuch, einer Prüfung, einem Gespräch, einem Gerichtstermin usw. Das unmittelbar und tatsächlich Belastende ist, bei Lichte besehen, auf einen sehr begrenzten Zeitraum beschränkt. Was diese Dinge so schwer erträglich macht, ist zu neunzig Prozent das Warten auf die Ereignisse und die Befürchtungen in bezug auf die Ereignisse. Wenn wir uns dieser Tatsache bewußt werden und unseren Erlebenshorizont gezielt auf die unmittelbare - wie gesagt, meist durchaus erträgliche - Gegenwart begrenzen, so können wir sehr viel an Lebensqualität gewinnen.

Außerdem empfiehlt es sich noch, folgende Strategie anzuwenden: So wichtig es einerseits (siehe 2.6) zweifellos ist, den bewußten Genuß einer erträglichen (und natürlich umso mehr einer erfreulichen) Gegenwart niemals durch gedankliche "Rück- oder Vorschauen", welcher Art auch immer, zu schmälern, so zweckmäßig ist es andererseits auch, eine *ausgesprochen unangenehme* Gegenwart durch positive "Rück- und Vorschauen", also durch Erinnern an schönes Vergangenes und durch Freuen auf schönes Künftiges, erträglicher zu machen. Dabei spielt der Realitätsgehalt dieser gedanklichen Vor- und Rückgriffe im Grunde keine Rolle.

2.8 Gedankliche "Schiebefächer"

Wir alle werden mit den unterschiedlichsten Angelegenheiten und Begebenheiten konfrontiert, die miteinander nichts gemein haben, als eben daß sie uns betreffen. Dieser Separiertheit der Dinge selbst sollten wir auch in unserem Umgang mit ihnen Rechnung tragen, indem wir uns jeweils immer nur eines von ihnen vornehmen, um jedes zu seiner Zeit, je nachdem, worum es sich handelt, zu besorgen, zu genießen oder zu erdulden.

Wir müssen ... gleichsam Schiebfächer unserer Gedanken haben, von denen wir eines öffnen, derweilen alle andern geschlossen bleiben. Dadurch erlangen wir, daß nicht eine schwer lastende Sorge jeden kleinen Genuß der Gegenwart verkümmere und uns alle Ruhe raube; daß nicht eine Ueberlegung die andere verdränge; daß nicht die Sorge für eine wichtige Angelegenheit die Vernachlässigung vieler geringen herbeiführe u. s. f.

Auch sollte, "wer hoher und edeler Betrachtungen fähig ist", sich nie in dem Maße von "persönlichen Angelegenheiten" und "niedrigen Sorgen" vereinnahmen lassen, daß diesen edlen Erwägungen der Zugang zum Bewußtsein versperrt wird. Denn das hieße wahrlich, "um des Lebens willen des Lebens Ziel verfehlen". (Juvenal) (Ebenda, S. 477)

2.9 Reiflich überlegen - entschlossen handeln

Man überlege alle Vorhaben reiflich und wiederholt. Und danach bedenke man noch immer die Unzulänglichkeit aller menschlichen Erkenntnis, die zur Folge haben kann, daß trotz aller Sorgfalt und Vorsicht unsere Berechnungen sich als falsch erweisen können - weil es immer Bereiche gibt, die zu analysieren oder vorauszusehen wir nicht imstande sind. Diese Unsicherheit sollte uns stets an die weise Maxime erinnern, an wichtigen Dingen ohne Not nicht zu rühren - "Ruhendes nicht bewegen".

Hat man aber nach reiflicher Überlegung einmal einen Entschluß gefaßt und damit begonnen, ihn umzusetzen, so sollte man sich durch keine weiteren Erwägungen über mögliche Gefahren mehr ängstigen lassen. Vielmehr sollte man jetzt dieses "Gedankenfach" fest verschlossen halten, eingedenk, daß man alles zu seiner Zeit wohl überdacht hat: "Du, sattle gut und reite getrost." (Italienisches Sprichwort) (Ebenda, S. 471 f.)

Bei alledem sollten wir uns freilich stets bewußt sein, wie wenig wir gegen das übermächtige Schicksal auszurichten vermögen. Unser Lebensweg ist dem Lauf eines Schiffes vergleichbar. Das freundliche oder feindliche Geschick spielt dabei die Rolle des Windes, indem es uns entweder weit nach vorne befördert oder weit zurückwirft. Unser eigenes Mühen und Treiben, das Rudern, vermag im Vergleich dazu nur sehr wenig auszurichten. Ein einziger Windstoß genügt, um viele Stunden schwerster Mühe wieder zunichte zu machen. Und günstiger Wind kann uns dermaßen fördern, daß es unseres Ruderns gar nicht bedarf. (Ebenda, S. 509)

2.10 Selbstzwang statt Fremdzwang

Not, Plagen und Mühen, die unser Dasein in so schmerzlichem Maße bestimmen, treffen uns in Form vielfältiger Zwänge. Nur in den seltensten Fällen können wir wirklich tun, was wir wollen, weil stets irgendwelche Widerstände oder Widrigkeiten uns in eine bestimmte Richtung zwingen. Glücklicherweise läßt sich hier zuweilen Abhilfe schaffen. Es gilt nämlich zu bedenken, daß "ein kleiner, an der rechten Stelle angebrachter Selbstzwang nachmals vielem Zwange von außen vorbeugt; wie ein kleiner Abschnitt des Kreises zunächst dem Centro einem oft hundert Mal größern an der Peripherie entspricht". Durch nichts können wir uns so wirksam dem Zwang von außen entziehen wie durch den Zwang, den wir uns selbst auferlegen. "Willst du dir alles unterwerfen, so unterwirf du dich der Vernunft." (Seneka)

Dieser vorbeugende Selbstzwang hat vor allem auch den unschätzbaren Vorteil, unserer eigenen Kontrolle zu unterliegen. Trifft er uns allzu hart, können wir ihn etwas abmildern. Diese Möglichkeit haben wir beim Zwang von außen nicht. Dieser trifft uns ohne Rücksicht und mit voller Härte. Auch deshalb ist es klug, dem Zwang von außen rechtzeitig durch Selbstzwang zuvorzukommen. (Ebenda, S. 477 f.)

2.11 Vergebliche Angeberei

Man lasse sich zu keinen Angebereien hinreißen, da diese das Gegenteil von dem bewirken, was wir bezwecken. Denn wer sich seiner Sache und seiner selbst wirklich sicher ist, wird darüber ganz ruhig sein und nicht angestrengt seine Vorzüge hervorkehren. "Das Affektiren irgend einer Eigenschaft, das Sich-Brüsten damit, ist ein Selbstgeständniß, daß man sie nicht hat." Sei es nun Mut oder Gelehrsamkeit, Geist oder Witz, Glück bei Frauen, Reichtum, Vornehmheit oder sonst etwas, womit einer angibt - man kann daraus schließen, daß es ihm gerade darin an etwas fehlt: "Dem klappernden Hufeisen fehlt ein Nagel." (Spanisches Sprichwort) (Ebenda, S. 497 f.)

2.12 Naiver Idealismus

Idealistische Menschen glauben, zumal in ihrer Jugend, daß die wesentlichen Verhältnisse und die daraus resultierenden Verbindungen zwischen Menschen *ideeller* Natur sind, das heißt auf Ähnlichkeiten des Denkens, der Gesinnung, des Geschmacks usw. beruhen. Das ist ein großer Irrtum. In Wirklichkeit bestimmen fast überall die *realen* Verhältnisse, also die materiellen Interessen das menschliche Leben.

Dies hat seine Ursache zu einem Gutteil schlicht darin, daß für die meisten Menschen überhaupt nur diese realen Verhältnisse existieren, weil sie andere gar nicht zu erkennen vermögen. Demnach wird jeder einfach als das betrachtet, was er aufgrund der gesellschaftlichen Konventionen darstellt, also ausschließlich nach Nation, Familie, Amt, Geschäft usw. beurteilt und bewertet. "Hingegen was er an und für sich, also als Mensch, vermöge seiner persönlichen Eigenschaften sei, kommt ... nur ausnahmsweise zur Sprache, und wird von Jedem, sobald es ihm bequem ist, also meistentheils, ... ignorirt." (Ebenda, S. 499)

2.13 Leben und leben lassen

Man soll alle Menschen, wie auch immer sie beschaffen sein mögen, nehmen und akzeptieren, wie sie sind, ohne auf ihre Veränderung zu hoffen.

Denn seine eigentliche Individualität, d. h. seinen moralischen Charakter, seine Erkenntnißkräfte, sein Temperament ... u. s. w. kann Keiner ändern. Verdammen wir nun sein Wesen ganz und gar; so bleibt ihm nichts übrig, als in uns einen Todfeind zu bekämpfen: denn wir wollen ihm das Recht zu existiren nur unter der Bedingung zugestehn, daß er ein Anderer werde, als er unabänderlich ist. Darum ... müssen wir, um unter Menschen leben zu können, Jeden, mit seiner gegebenen Individualität ... bestehn und gelten lassen, und dürfen ... weder auf ihre Aenderung hoffen, noch sie ... schlechthin verdammen. Dies ist der wahre Sinn des Spruches: "leben und leben lassen." (...) Inzwischen übe man, um Menschen ertragen zu lernen, seine Geduld an leblosen Gegenständen, welche, vermöge mechanischer, oder sonst physischer Nothwendigkeit, unserm Thun sich hartnäckig widersetzen .... Die dadurch erlangte Geduld lernt man nachher auf Menschen übertragen, indem man sich gewöhnt, zu denken, daß auch sie, wo immer sie uns hinderlich sind, Dies vermöge einer eben so strengen, aus ihrer Natur hervorgehenden Nothwendigkeit seyn müssen, wie Die, mit welcher die leblosen Dinge wirken; daher es eben so thöricht ist, über ihr Thun sich zu entrüsten, wie über einen Stein, der uns in den Weg rollt. (Ebenda, S. 485)

Bevor wir fortfahren einige Bemerkungen zu Schopenhauers These, daß der Charakter jedes Menschen absolut unveränderlich sei. Es gibt bei Schopenhauer diesbezüglich tendenziell widersprüchliche

Aussagen. So heißt es etwa in bezug auf Klugheit und Mut, daß man dem Vorhandenen durch Vorsatz und Übung durchaus "nachhelfen" könne. (Ebenda, S. 516 f.) Außerdem plädiert Schopenhauer massiv für den Erwerb von Geistesbildung - weil das, was man ist, ungleich mehr zu unserem Glück beitrage, als das, was man hat. (Ebenda, S. 351) Wenn man aber von seiner "geistigen Konstitution" her ohnehin ein für alle Mal "vorprogrammiert" wäre, bliebe doch auch der Erwerb von Bildung folgenlos - wenigstens in bezug auf ihre "Verwertbarkeit" für unser geistig-kulturelles Erleben und Empfinden.

Schließlich: Strenggenommen wären die gesamten *Aphorismen zur Lebensweisheit* sinnlos, wenn sich sowieso niemand ändern könnte, weil sein Charakter - und damit sein Verhalten - von vornherein und unverrückbar festgelegt wären.

Wie dem auch sei: Zusammenfassend kann man wohl sagen, daß die Lebenserfahrung zeigt, daß die These von der Unveränderlichkeit des Charakters in weiten Bereichen tatsächlich zutrifft und daß die entsprechende Haltung gegenüber unseren Mitmenschen sich als sehr zweckmäßig und hilfreich erweist.

Und was - damit kommen wir zu Schopenhauers Ausführungen zurück - folgt aus dieser Unveränderlichkeit des Charakters? Zunächst einmal, daß wir uns über keinen Menschen, und sei er noch so dumm oder schlecht, aufregen oder ärgern sollten. Besondere Dummheit und Schlechtigkeit sollten in uns keine Emotionen auslösen, sondern uns vielmehr der Erkenntnis dienen. Und zwar der Erkenntnis darüber, daß die Menschen in den allermeisten Fällen recht traurig beschaffen sind. Haben wir uns dann gegenüber unseren Mitmenschen dergestalt eingestellt, werden wir einen "Zug von besonderer Niederträchtigkeit oder Dummheit ... ungefähr so betrachten, wie der Mineralog ein ihm aufgestoßenes,

sehr charakteristisches Specimen [Probe, H. F. K.] eines Minerals".
(Ebenda, S. 495)

Einen schlechten Zug eines Menschen je zu *vergessen*, ist hingegen ein unverzeihlicher Fehler, "ist wie wenn man schwer erworbenes Geld wegwürfe". (Ebenda, S. 508) Hat uns jemand geärgert, so müssen wir uns fragen, ob er uns so viel wert ist, daß wir uns das gleiche, etwas verstärkt und wiederholt, noch einmal gefallen lassen wollen - denn genau dies wird unweigerlich passieren.

Im verneinenden Falle ... haben wir sogleich und auf immer mit dem werthen Freunde zu brechen, oder, wenn es ein Diener ist, ihn abzuschaffen. Denn unausbleiblich wird er, vorkommenden Falls, ganz das Selbe, oder das völlig Analoge, wieder thun, auch wenn er uns jetzt das Gegentheil hoch und aufrichtig betheuert. Alles, Alles kann einer vergessen, nur nicht sich selbst, sein eigenes Wesen. Denn der Charakter ist schlechthin inkorrigibel. (Ebenda, S. 494)

2.14 Verschwiegenheit

Aufgrund der zumeist recht traurigen und unabänderlichen Beschaffenheit der Menschen - "die Wilden fressen einander und die Zahmen betrügen einander" (ebenda, S. 495) - empfiehlt es sich dringend, alle persönlichen Angelegenheiten als unsere Geheimnisse zu betrachten und uns dementsprechend zu verhalten. Denn durch veränderte Umstände kann uns das Wissen anderer um die unschuldigsten Dinge zum Nachteil gereichen. "Ueberhaupt ist es gerathener seinen Verstand durch Das, was man verschweigt, an den Tag zu legen, als durch Das, was man sagt. Ersteres ist Sache der Klugheit, Letzteres der Eitelkeit." Gelegenheit zu beidem haben wir gleich oft. Aber wir ziehen häufig die flüchtige Befriedigung, die das Reden gewährt, dem dauernden Nutzen, den das Schweigen bringt, vor. (Ebenda, S. 506)

Die großen Vorteile von Schweigen und Verschwiegenheit wurden von Weisen zu allen Zeiten gepriesen. Hier ein paar arabische Maximen:

Was dein Feind nicht wissen soll, das sage deinem Freunde nicht.

Wenn ich mein Geheimniß verschweige, ist es mein Gefangener: lasse ich es entschlüpfen, bin ich sein Gefangener.

Am Baume des Schweigens hängt eine Frucht, der Friede. (Ebenda, S. 507)

Freilich läßt sich absolutes Schweigen nicht immer durchhalten. Wenn wir aber schon mit jemandem reden, dann sollten wir auf alle Fälle folgendes beherzigen:

Man bestreite keines Menschen Meinung; sondern bedenke, daß wenn man alle Absurditäten, die er glaubt, ihm ausreden wollte, man Methusalems Alter erreichen könnte, ohne damit fertig zu werden.

Selbst kleinster korrigierender Bemerkungen sollte man sich enthalten - wissend: Die Menschen zu kränken, ist leicht, sie zu bessern schwer bis unmöglich.

Und wenn die Absurditäten eines Gespräches, dessen Ohrenzeuge wir werden, uns zu ärgern beginnen, sollten wir denken, wir wohnten einer Komödienszene zwischen zwei Narren bei. Das hilft. (Ebenda, S. 505)

2.15 Überlegenheit im Umgang

"Die Menschen gleichen darin den Kindern, daß sie unartig werden, wenn man sie verzieht; daher man gegen keinen zu nachgiebig und liebreich seyn darf." So wie man kaum einen Freund dadurch verlieren wird, daß man ihm kein Geld borgt, sehr wohl aber dadurch, daß man dies tut, so wird man auch durch stolzes und etwas vernachlässigendes Verhalten kaum einer Freundschaft verlustig gehen, wohl aber durch besondere Zuvorkommenheit. Diese macht die Menschen nämlich arrogant und unerträglich, wodurch schließlich der Bruch herbeigeführt wird.

Besonders schlecht vertragen es die Menschen, wenn sie merken, daß man sie braucht. Übermut und Anmaßung sind die unweigerliche Folge. Ja, bei einigen reicht es sogar schon, daß man sich überhaupt mit ihnen abgibt, um sie übermütig werden zu lassen. Gewinnt jemand gar den Eindruck, wir bräuchten ihn viel mehr als er uns, ist es mit der Gemütlichkeit vollends vorbei: "da ist es ihm sogleich, als hätte ich ihm etwas gestohlen: er wird suchen, sich zu rächen .... *Ueberlegenheit* im Umgang erwächst allein daraus, daß man der Andern in keiner Art und Weise bedarf, und dies sehn läßt."

Deshalb kann es auch nicht schaden, wenn man seine Mitmenschen von Zeit zu Zeit spüren läßt, daß man durchaus auch ohne sie auskommt. Das festigt die Freundschaft. Ja, bei den meisten empfiehlt es sich sogar, zuweilen ein wenig Geringschätzung in unser Verhalten einfließen zu lassen. Dann legen sie umso mehr Wert auf unsere Freundschaft. "Wer nicht achtet wird geachtet." (Italienisches Sprichwort) "Ist aber Einer uns wirklich sehr viel werth; so müssen wir dies vor ihm verhehlen, als wäre es ein Verbrechen.

Das ist nun eben nicht erfreulich; dafür aber wahr."
(Ebenda, S. 491 f.)

2.16 Höflichkeit ist Klugheit

Höflichkeit ist Klugheit. Deshalb ist Unhöflichkeit Dummheit. Sich durch Unhöflichkeit unnötig Feinde zu machen, "ist Raserei, wie wenn man sein Haus in Brand steckt".

Denn Höflichkeit ist, wie die Rechenpfennige, eine offenkundig falsche Münze: mit einer solchen sparsam zu seyn, beweist Unverstand; hingegen Freigebigkeit mit ihr Verstand. (...) Wer hingegen die Höflichkeit bis zum Opfern realer Interessen treibt gleicht Dem, der ächte Goldstücke statt Rechenpfennige gäbe.

Wie man Wachs, das von Natur aus hart und spröde ist, durch etwas Wärme geschmeidig machen kann, so daß es jede Gestalt annimmt, so kann man durch etwas Höflichkeit und Freundlichkeit auch störrische und feindselige Menschen biegsam und gefällig machen. (Ebenda, S. 504)

Allerdings gilt es hier, auf eine praktische Schwierigkeit beim Beachten von Schopenhauers Empfehlungen hinzuweisen. Er selbst räumt ein (ebenda): "Höflichkeit mit Stolz zu vereinigen ist ein Meisterstück", also eine schwierige Sache. Höflichkeit wird sehr leicht mit Wertschätzung verwechselt. Um im obigen Bild Schopenhauers zu bleiben: Die "Falschgeldsituation" wird häufig fehlgedeutet bzw. nicht erkannt.

Ist dies der Fall, befinden wir uns in jener Situation, die Gegenstand der vorangehenden Empfehlungen (2.15) ist: Freundlichkeit macht die Menschen übermütig, arrogant und unerträglich. Im Zweifelsfalle empfiehlt es sich daher dringend, anstatt an "Höflichkeit ist Klugheit" zu denken, das "Wer nicht achtet, wird geachtet" zu beherzigen.

2.17 Verräterische Kleinigkeiten

Edle Menschen zeigen, zumal in der Jugend, eine auffallend schlechte Menschenkenntnis. Die Erklärung hierfür ist einfach: Bei der Beurteilung anderer geht jeder zunächst und vor allem von sich selber aus. Gewöhnliche Menschen haben, da sie einander recht ähnlich sind, damit auch gleich den richtigen Maßstab zur Hand, außergewöhnliche hingegen naturgemäß den falschen.

Aber selbst, nachdem ein solcher "aus der Reihe Tanzender" aus leidvoller Erfahrung gelernt hat, was von den Menschen insgesamt zu erwarten ist - nämlich daß "etwan 5/6 derselben, in moralischer, oder intellektueller Hinsicht, so beschaffen sind, daß, wer nicht durch die Umstände in Verbindung mit ihnen gesetzt ist besser thut, sie vorweg zu meiden" -, wird er sich kaum je wirklich einen Begriff von der "Kleinlichkeit und Erbärmlichkeit" der Menschen machen können.

Immer wieder wird er in die Falle tappen. Etwa sich, wenn er in die Gesellschaft von ihm noch Unbekannten kommt, anfangs wundern, welch redliche, vernünftige und geistreiche Leute hier doch versammelt sind. Solche Fehlurteile rühren daher, daß es die Natur nicht macht wie die schlechten Dichter, die bei der Darstellung von Schurken und Narren so plump vorgehen, daß man gleichsam hinter jeder Figur den Dichter stehen sieht, rufend: "Dies ist ein Schurke, dies ist ein Narr!"

Die Natur macht es wie Shakespeare und Goethe, wo "jede Person, und wäre sie der Teufel selbst, während sie dasteht und redet, recht behält .... - Also, wer erwartet, daß in der Welt die Teufel mit Hörnern und die Narren mit Schellen einhergehn, wird stets ihre Beute, oder ihr Spiel seyn". Hinzu kommt, daß die Menschen sich treffend zu verstellen wissen und sich als ausgezeichnete Schauspieler erweisen, wenn es darum geht, jene Rolle zu spielen, die dem entspricht, was sie eigentlich sein sollten. Deshalb sollte man sich davor hüten, von jemandem, den man kennen lernt, eine recht gute Meinung zu haben. Anderenfalls wird man zu allermeist zu seiner Beschämung, wenn nicht zu seinem Schaden enttäuscht werden. In diesem Zusammenhang empfiehlt sich die Beherzigung eines Wortes von Seneka: "Beweise für die Beschaffenheit eines Charakters kann man auch Kleinigkeiten entnehmen."

Gerade bei Kleinigkeiten, wo sich die Menschen nicht zusammennehmen, sprich: wo sie kurzzeitig die ansonsten sorgfältig einstudierte und gespielte Rolle verlassen, wird ihr Charakter offenbar. An solchen Kleinigkeiten kann man dann oft "den gränzenlosen, nicht die mindeste Rücksicht auf Andere kennenden Egoismus bequem beobachten, der sich nachher im Großen nicht verleugnet". Ist jemand in den kleinen Dingen rücksichtslos, bequem und egoistisch, kann man sicher sein, "daß in seinem Herzen keine Grechtigkeit wohnt, sondern er auch im Großen ein Schuft seyn würde". (Ebenda, S. 492-494)

3. Verraten und verlassen: Wie man Trennungen überlebt

3.1 Liebe, Verrat und Trennung

Daß das Leben, wie oben (1.1) festgestellt, ein Verlustgeschäft ist - und auch bei peinlichster Beachtung aller Lebensweisheiten unabänderlich bleibt -, wird naturgemäß dort am deutlichsten, wo es am lebendigsten ist: bei der Liebe. Und hier wiederum vor allem da, wo die Liebe schrecklich endet: Wenn man auf so feige, frivole und fiese Weise belogen, betrogen und verraten worden ist, daß man nie mehr das Gefühl los wird, eine genial getarnte Inkarnation des Teufels geliebt zu haben.

Unter Liebe bzw. Verliebtheit kann man bekanntlich schrecklich leiden, ja mitunter wird die Liebe geradezu als so etwas wie eine schwere Krankheit empfunden. Dies scheint weder besonders selten zu sein, noch ist es in irgendeiner Weise ehrenrührig - im Gegenteil: Ein Sammelband der Forschungsstelle für europäische Lyrik des Mittelalters an der Universität Mannheim trägt eben diesen Titel: *Liebe als Krankheit* (Stemmler, 1990).

Bei Liebe bzw. Verliebtheit sind stets starke Idealisierungen im Spiele, Bilder, "Einbildungen", wie es so treffend heißt: Die Person, die man liebt, in die man verliebt ist, existiert im wesentlichen nur in uns, ist "eingebildet".

Damit sollen Liebe, Verliebtheit und ihre Folgen keineswegs verharmlost werden. Für die Betroffenen sind Einbildungen so real, wie etwas nur real sein kann. Das erweist sich leider auch bei Trennungen auf drastische Weise: Reihenfolge und Inhalte der psychischen Reaktionen sind die gleichen, wie wir sie als Folge von schweren Schocks nach Unfällen oder Katastrophen kennen. Und auch die äußeren Folgen von Trennungen sind ganz real und reichen bis hin zum Selbstmord. Wie wirklich, ja von der "wirklichen

Wirklichkeit" überhaupt nicht zu unterscheiden "bloß Eingebildetes" sein kann, erleben wir auch jede Nacht im Traum.

Deshalb ist das Ende einer großen Liebe auch immer eine große Katastrophe. Wir werden uns hier auf jene Fälle beschränken oder zumindest konzentrieren, in denen das Ende der Liebe gegen den eigenen Willen erfolgte und vom Partner bewußt herbeigeführt wurde, indem er uns verlassen hat. Dies wird vom Verlassenen leicht als Verrat empfunden. Geht der Verlassende gleich wieder eine Beziehung ein, erfolgte das Ende der Liebe gar *wegen* einer neuen Beziehung oder kommen noch zusätzliche "unnötige" Bosheiten, Gemeinheiten oder Kränkungen hinzu, wird das Gefühl des Verraten-worden-Seins naturgemäß umso größer - und umso berechtigter - sein.

Zu den schlimmsten Erfahrungen in diesem Zusammenhang gehören zweifellos moralische Enttäuschung und seelische Untreue: Wenn man Jahre, vielleicht Jahrzehnte felsenfest davon überzeugt war, daß sein Partner ein guter Mensch mit moralischen Grundsätzen ist und nun plötzlich sehen muß, zu welch niederträchtigen Bosheiten und Gemeinheiten er fähig ist. Und: Wenn man immer "gegen den Rest der Welt" zusammengehalten und "gekämpft" hat, alles gemeinsam durchgestanden hat und auf einmal erkennen muß, daß der andere jetzt in empfindlichsten und intimsten Bereichen offen, brutal und uneingeschränkt *gegen* einen auftritt. Solche Erlebnisse vermitteln unweigerlich das verheerende und vernichtende Gefühl, jahrelang mit einem skrupellosen, kaltblütigen Spion zusammengelebt zu haben.

In gewisser Weise ist die Trennung durch Verlassenwerden sogar unerträglicher und tragischer als die Trennung durch Tod. Letztere ist zwar endgültig und unaufhebbar, während die Trennung durch Verlassenwerden wenigstens prinzipiell "anfechtbar", aufhebbar ist. Aber bei der Trennung durch Tod sind wir "nur" Opfer eines zwar grausamen, aber anonymen, quasi mechanischen Schicksals. Bei der Trennung durch Verlassenwerden befinden wir uns hingegen in der Hand eines wenigstens teilweise autonom agierenden Menschen, der uns "erlösen" *könnte*, es aber *dennoch nicht tut*. Das verleiht dem Ende der Liebe durch Trennung eine Willkür, Grausamkeit und "Bösartigkeit", die nur schwer, im Grunde gar nicht zu ertragen ist.

Andererseits birgt die Tatsache, daß der geliebte Mensch, nach dem man sich in Sehnsucht verzehrt, noch am Leben ist, wie gesagt, natürlich auch die wenigstens theoretische Aussicht auf eine Wiedervereinigung in sich. Nur: Diese vage Möglichkeit wirkt sich in der Praxis weniger als Erleichterung des Lebens als vielmehr als Verlängerung des - emotionalen - Sterbens aus: Die unrealistische und vergebliche Hoffnung, daß "alles wieder gut wird", erschwert und verzögert lediglich die Akzeptierung des Unvermeidlichen.

Der Unterschied zwischen Trennung durch Verlassenwerden und Trennung durch Tod ist in gewisser Weise vergleichbar mit der Situation vor und nach der Hinrichtung eines geliebten Menschen: Vor der Hinrichtung können und müssen wir auf Begnadigung hoffen. Nach der Hinrichtung haben wir wenigstens endlich Gewißheit und können damit beginnen, uns mit dem Ende irgendwie abzufinden - wenngleich dieses Sich-Abfinden nach dem Muster verlaufen wird: "Anfangs wollt´ ich fast verzagen, / und ich glaubt´, ich trüg´ es nie, / und ich hab´ es doch ertragen, / aber frag mich nur nicht, wie." (Heinrich Heine, zit. n. Bialonczyk / Kropatsch, o. J., S. 166)

Wenn hier vom Ende der Liebe als einer Katastrophe die Rede war, so ist dies genaugenommen natürlich falsch: Wenn die

Liebe wirklich zu Ende ist, gibt es kein Problem, geschweige denn eine Katastrophe. Letztere besteht ja vielmehr gerade darin, den verlorenen Menschen unvermindert weiterzulieben, sich nach dem Zusammensein mit ihm, nach der Verschmelzung mit ihm zu sehnen:

Ewig starr an deinem Mund zu hangen,
Wer enträtselt dieses Wutverlangen?
Wer die Wollust, deinen Hauch zu trinken,
In dein Wesen, wenn sich Blicke winken,
Sterbend zu versinken?

Friedrich von Schiller, 1996, S. 371

Wer die tiefste aller Wunden
Hat in Geist und Sinn empfunden,
Bittrer Trennung Schmerz;
Wer geliebt, was er verloren,
Lassen muß, was er erkoren,
Das geliebte Herz,

Der versteht in Lust die Tränen
Und der Liebe ewig Sehnen,
Eins in Zwei zu sein,
Eins im Andern sich zu finden,
Daß der Zweiheit Grenzen schwinden
Und des Daseins Pein.

Karoline von Günderode, 1996, S. 435 f.

Kommen wir noch einmal auf den beschriebenen Einbildungscharakter von Liebe bzw. Verliebtheit zurück. Man könnte meinen: *Letztlich,* "in Wirklichkeit" sei die Sache dann ja doch "halb so schlimm". Leider erweist sich gerade bei Trennungen genau das Gegenteil als richtig. Denn die Realitätsferne von Liebe und Verliebtheit macht auch ihre Realitätsresistenz aus: So sehr uns *rational* auch klar sein mag, wie "unwirklich" die Liebe von vornherein war und wie "doppelt unberechtigt" Trauer und Sehnsucht sind, nachdem wir verraten und verlassen worden sind - wir können dies *emotional* nicht nachvollziehen, nicht begreifen, nicht erfassen. Unser Herz kann und will unserem Verstand nicht glauben. Wir leiden (fast) ebenso "blind", wie wir es täten, wenn wir zu keinerlei vernünftigen Gedanken fähig wären.

Gegen unsere Gefühle ist unser Verstand zwar nicht völlig, aber doch weitgehend machtlos. Auch wenn nichts, aber auch wirklich gar nichts mehr für die Liebe spricht, lieben und hoffen wir oft weiter. Und selbst wenn schon alles *gegen* die Liebe spricht, können wir oft nicht aufhören, unvermindert oder gar noch verstärkt weiterzulieben und weiterzuhoffen.

Dieses Liebenmüssen ist nach dem Sterbenmüssen vielleicht der größte Skandal des Lebens: Warum müssen wir lieben, wenn wir nicht mehr lieben wollen! Es kann Ewigkeiten dauern, bis sich unsere Gefühle endlich von unseren Erkenntnissen berühren lassen. Gefühl und Verstand befinden sich zwar im gleichen Kopf, aber offenkundig in verschiedenen Welten.

Die alles andere verdeckende Qual liegt oft im unlösbaren Problem: Wie um alles in der Welt bekomme ich die geliebte Person endlich aus dem Kopf, um nicht ununterbochen, Tag und Nacht, immer und überall an sie denken zu müssen? Oder, um es mit Rilke (1994, S. 7) zu sagen: "Wie soll ich meine Seele halten, daß sie nicht an deine rührt? Wie soll ich sie hinheben über dich zu andern Dingen?"

Von der erwähnten offenkundigen Unzulänglichkeit aller "rationalen Gegensteuerung" sollten wir uns aber nicht entmutigen lassen. Vielmehr sollten wir alles daran setzen, diese Waffe, wenn sie schon so schwach ist, wenigstens optimal einzusetzen. Zuweilen und in Grenzen gelingt es ja doch, emotionales Leiden durch rationale Erkenntnis zu lindern. Und beim grenzenlosen Leiden, das Verraten- und Verlassenwerden mit sich bringen, sind wir auf jede Hilfe angewiesen.

Deshalb sollten wir uns auch von unvermeidlichen Rückschlägen bei der rationalen Bewältigung emotionaler Katastrophen nicht entmutigen lassen. Anstatt dessen sollten wir dankbar sein, daß diese Rückschläge mit der Zeit seltener, kürzer und leichter werden - und daß wir diese Tendenz selber fördern können.

Bei einer großen Liebe bzw. Verliebtheit handelt es sich nun einmal, betrachtet man ihre gravierenden Folgen für das ganze Leben, wirklich um so etwas wie eine schwere Krankheit, deren Folgen wir letztlich wohl nie ganz überwinden werden. (Und vielleicht auch nicht überwinden sollten; käme dies doch irgendwie einem Verrat unsererseits gleich - weniger am anderen, der nicht nur uns, sondern damit auch sich selber verraten hat, als an den eigenen echten Gefühlen: etwas einst so Großes, Schönes und Wunderbares sollte man nie wirklich verleugnen, vergessen oder "überwinden".)

Andererseits: Was wäre das Leben ohne Liebe! Das Leben ohne Liebe verhält sich zum Leben mit Liebe wie ein schwarzweißer

Stummfilm zu einem prächtigen Farbfilm mit rauschender Musikbegleitung. Oder vielleicht noch treffender: wie das passive, stumme Erleben einer tristen Schwarzweißwelt zum aktiven Mittelpunkt-Sein einer bunten, singenden und tanzenden Welt.

Aber es scheint nun einmal so etwas wie ein Naturgesetz zu sein, daß man für alles Schöne, für jedes Glück mit einem Vielfachen an Leid zahlen muß:

Wunderlichstes Buch der Bücher
Ist das Buch der Liebe;
Aufmerksam hab ichs gelesen:
Wenig Blätter Freuden,
Ganze Hefte Leiden;
Einen Abschnitt macht die Trennung.
Wiedersehn - ein kleines Kapitel,
Fragmentarisch! Bände Kummers,
Mit Erklärungen verlängert,
Endlos, ohne Maß.

Johann Wolfgang von Goethe, 1996, S. 501

Viel ist
hingesunken uns
zur Trauer
und das Schöne
zeigt die kleinste
Dauer.

Heimito von Doderer, zit. n. Nenning, 1999, S. 16

Dieses schreckliche Mißverhältnis zwischen Glück und Leid mögen wir bedauern, ändern können wir es nicht. Ihm ausweichen können wir vielleicht - wenn wir uns von vornherein für jenen Weg entscheiden, den viele Religionen und geistige Strömungen von jeher empfehlen: auf das Glück der Liebe zu verzichten, um auch ihre Schmerzen zu vermeiden.

Das bedeutete freilich im Endeffekt, auf das Leben überhaupt zu verzichten, und in letzter Konsequenz, Selbstmord zu begehen. Diesen Weg wollen wir nicht weiterverfolgen, geht es uns doch hier um Hilfe zum Leben und nicht um Anleitung zum Sterben.

So paradox es klingt - die vorangehenden Ausführungen beinhalten auch Tröstliches: Erstens scheint das erwähnte "Naturgesetz", wenn auch grausam, so doch wenigstens einigermaßen gerecht zu sein, und zwar in zweifacher Hinsicht: Wir zahlen mit unserem Leiden zwar einen hohen Preis, aber immerhin einen Preis für etwas, das wir bereits erhalten haben: eine Lebenszeit in sagenhafter "Bild- und Tonqualität", um im obigen Bild zu bleiben. Und: Dieses "Naturgesetz" gilt für alle in gleicher Weise, wir sind nicht allein mit unserem Leid, anderen ergeht es auch nicht viel besser.

Zweiter Trost: Mit dem Ende der Liebe werden wir lediglich auf die Realität des Lebens, wie es normalerweise nun einmal ist, zurückgeworfen, auf das Normalniveau des Daseins quasi, auf die "nackte" Existenz. Und das wirkliche, durch keinerlei Illusionen abgefederte Leben ist nun einmal trostlos, weil sinnlos. Schopenhauer (1977, VIII, S. 522, 515) spricht nicht umsonst von der "Leerheit und Armseligkeit des menschlichen Lebens", von der "elenden, kahlen Existenz". Die seelische Leere des Lebens ohne

Liebe ist lediglich die psychische Entsprechung zur existentiellen Sinnlosigkeit des Lebens.

Unser Leben *hat* keinen Sinn - aber wir können ihm einen *geben*. Das kann im Prinzip jedes Ziel sein, das wir uns setzen. "Wirklichen" Sinn macht und echte Befriedigung verschafft aber letztlich wohl nur eines: anderen zu helfen, Leiden zu lindern bzw. Glück zu fördern - sei es bei unseren "Nächsten", bei benachteiligten "Randgruppen" oder bei gequälten tierlichen Wesen, denen die Menschheit von Anfang an so viel Schreckliches angetan hat, daß wir dies ohnehin nie mehr wirklich wiedergutmachen können.

Schließlich zu einer Frage, die jeden Verlassenen brennend interessiert: Wird derjenige, der uns verlassen hat, wenigstens dereinst seine Tat bereuen und so für seinen Verrat (so es denn einer war) büßen? Dazu läßt sich seriöser- und vernünftigerweise nur sagen:

Daß die Liebe - und damit auch die Folgen enttäuschter Liebe - bei zwei Menschen, wenigstens zu einem gegebenen Zeitpunkt, völlig unterschiedlich "verteilt" sein kann, ist eine Binsenweisheit. Klassisches Beispiel, das in Romanen und Filmen immer wieder tragisch oder komisch dargestellt wird: der Mann, der sich unsterblich in eine Frau verliebt hat, die sich ihrerseits absolut nichts aus ihm macht, ja ihn vielleicht noch verhöhnt.

So kraß wird es im Fall von sich Trennenden nicht, wenigstens nicht immer gewesen sein - sonst wären sie ja nie zusammengewesen. Aber zum Zeitpunkt der Trennung bzw. des Verlassens war die "Verteilung der Liebe" gewiß höchst ungleich. Sonst wäre es nicht zur Konstellation Verlassene(r) - Verlassende(r) gekommen. Also läuft die Frage auf die bereits angeführte Form hinaus: Wird dem Verlassenden wenigstens in Zukunft "bewußt werden", wie sehr er den Verlassenen "in Wirklichkeit" liebte und was er "wirklich an ihm hatte"?

Damit begeben wir uns offensichtlich in einen Bereich, wo dem Wunschdenken Tür und Tor geöffnet sind. Die "Reinform" dieses Wunschdenkens ist eben dieses "Es wird ihr (ihm) schon noch bewußt werden ...!" Nicht minder irrational ist aber auch die Vorstellung, daß das "Schicksal" hier irgendwie für Gerechtigkeit sorgen werde, nach dem Motto: Wer zu anderen "gemein" ist, der wird auch selbst "im Leben kein Glück mehr haben".

Es spricht vieles dafür, daß es sich im Leben sehr wohl auszahlen kann, "gemein" zu sein, rücksichtslos den eigenen Vorteil zu suchen. Diejenigen, denen es "äußerlich", also vor allem finanziell "blendend" geht - was für ein gutes Leben trotz allem Geschwätz von der Sorte "Geld ist für mich total unwichtig" in der Tat nicht unerheblich ist -, sind keineswegs immer diejenigen, die sich durch einen besonders vornehmen Charakter auszeichnen!

Der Verräter - so er die Bezeichnung verdient - wird weder von einem anonymen Schicksal noch von einem zürnenden Gott bestraft werden. Wohl aber in gewisser Weise von sich selbst: Verräter verraten nämlich immer wieder und machen damit nicht nur die Verratenen, sondern auch sich selber unglücklich.

Vor allem aber ist Verrat eine verräterische Eigenschaft: ein Zeichen für allgemeines asoziales, egoistisches Verhalten. Und ein solches ist mit einer glücklichen Beziehung schwer vereinbar. In einer Zweierbeziehung gibt es in der Tat so etwas wie Gerechtigkeit: Wer nur nimmt, macht nicht nur den anderen, sondern auch sich selber unglücklich. Eine Verbindung, in der einer immer mehr nehmen will als er selber geben kann oder will, kann nicht funktionieren, wird scheitern - und unglücklich machen.

Über diese Form "ausgleichender Gerechtigkeit" *könnte* man sich freuen. Allein, es fragt sich, ob man sich darüber freuen *sollte* . Wer weiß schließlich schon, welch tragische Umstände zu einem so traurigen und traurigmachenden Charakter geführt haben.

Bevor man sich solchen Erwägungen hingeben kann, muß man eine Trennung aber erst einmal - physisch und psychisch - überleben. Und dazu können andere, zum Teil weniger "noble" Gedanken und Strategien hilfreich und notwendig sein.

Außerdem wäre es naiv, sich über die moralische Beschaffenheit des Menschen Illusionen zu machen. "Gemeines", egoistisches, ja bösartiges Verhalten sind nun einmal unbestreitbare Realität. Diese wegzupsychologisieren, indem man jedes Verhalten irgendwie erklärbar und damit auch irgendwie entschuldbar macht, ist eine tendenziell gefährliche, weil die Wirklichkeit beschönigende Strategie.

Sicher: Es mag unterschiedlichen Menschen - aufgrund unterschiedlichen Charakters - unterschiedlich schwer fallen, "gut" zu sein und "moralisch" zu handeln. Aber im überwiegenden Bereich "normalen", das heißt nicht psychisch kranken Verhaltens kann und muß man von einer mehr oder weniger ausgeprägten Entscheidungsfreiheit zwischen "gutem" und "bösem" Verhalten ausgehen.

Eine Analogie ist vielleicht hilfreich: Es mag unterschiedlichen Menschen - aufgrund unterschiedlicher Disposition - unterschiedlich schwerfallen, vernünftig mit Alkohol umzugehen. Aber die große Mehrzahl der Menschen, die ja nicht alkoholkrank ist, machen wir mit Recht und notwendigerweise für ihr Trinkverhalten und dessen Folgen verantwortlich.

Im Umgang mit Menschen empfiehlt sich große Nüchternheit, um nicht zweifellos erstrebenswerte Ideale mit der leider viel weniger idealen Wirklichkeit zu verwechseln. Hierher gehören etwa biblische Verhaltensanleitungen wie: Jemandem, der einem auf die eine Backe schlägt, soll man auch die andere hinhalten, oder die Anweisung, "feurige Kohlen auf jemandes Haupt zu sammeln", ihn also durch fortgesetztes Gutsein zu beschämen und dergestalt zu eigenem Gutsein "zu zwingen". Das klingt wunderbar und wäre wahrlich erstrebenswert - nur: Es funktioniert meist leider nicht. Wer solchen Maximen folgt, kann in der Regel von Glück reden, mit dem Leben davonzukommen. Das Praktizieren derartiger Regeln wird in der realen Welt nicht als Verdienst, sondern als Dummheit interpretiert - und als Einladung zu Beleidigung und Mißhandlung.

Solche Prinzipien funktionieren aus dem schlichten Grund nicht, weil sie eine charakterliche Integrität voraussetzen, die bei kaum einem Menschen vorhanden ist. "Die Bergpredigt setzt schon im ersten Satz mit dem ein, was sie ihrem ganzen Wesen nach ist: mit dem vollkommenen Widerspruch zu unserer Welt, wie sie ist" (Leicht, 1999a, S. 45). Und um die wahre Beschaffenheit der Welt ist es nun einmal, wie schon oben festgestellt, recht traurig bestellt: "Die Wilden fressen einander und die Zahmen betrügen einander, und Das nennt man den Lauf der Welt." (Schopenhauer, 1977, VIII, S. 495)

Für die unbedingte Notwendigkeit eines nüchternen, illusionslosen Umgangs mit unseren Mitmenschen fehlt es auch in unserem Themenbereich nicht an drastischen Belegen: Haben wir an jemandem ein wirkliches, ernsthaftes Interesse, so besteht das sicherste Mittel, ihn auch für uns zu interessieren, darin, unser

Interesse an ihm zu verleugnen, ja ihn zu ignorieren. "Das ist nun eben nicht erfreulich; dafür aber wahr", sagt Schopenhauer (ebenda, S. 492) in diesem Zusammenhang.

3.2 Warum tut die Trennung so weh?

Zunächst einmal ist es ja alles andere als klar, geschweige denn selbstverständlich, daß uns eine Trennung buchstäblich an den Rand von Tod und Wahnsinn bringen kann: "Objektiv" gesehen können wir ja durchaus auch alleine leben. Wolfgang Schmidbauer (1980) beschreibt ein Modell der sexuellen menschlichen Paarbindung, das die schier grenzenlose Verzweiflung und die völlig "irrationalen" Reaktionen bei Trennungen plausibel macht. Schmidbauer geht von evolutionstheoretischen Überlegungen aus:

Die Baumeisterinnen der Evolution standen vor der Aufgabe, einem gruppenlebenden Primaten die Paarbindung zu verschaffen. Sie lösten dieses Problem mit jener wirtschaftlichen Verwendung des Ausgangsmaterials, das für die Arbeit von Mutation und Selektion kennzeichnend ist. Sie übernahmen die bei allen Menschenaffen mit ihrer langen Zeitspanne kindlicher Abhängigkeit besonders wichtige Mutter-Kind-Beziehung und bereicherten sie um das Merkmal der sexuellen Bindung. Diese Entwicklungsgeschichte erklärt die Macht der sexuellen Paarbeziehung. (Ebenda, S. 51)

Mutter-Kind-Beziehung der Menschenaffen plus sexuelle Paarbindung ergibt menschliche Paarbeziehung. So lautet also die Grobformel für die Entstehung der sexuellen menschlichen Paarbeziehung, also für die langfristige Beziehung zwischen zwei erwachsenen Menschen unterschiedlichen Geschlechts. Auf die Sparsamkeit, mit der die Natur bei solchen Vorhaben zu Werke zu gehen pflegt, wurde bereits hingewiesen: Das vorhandene Ausgangsmaterial wird optimal genutzt. Ein Vogel, der sich dem

88

Leben im Wasser anpaßt, bekommt nicht Schuppen, Kiemen und Flossen, sondern wasserdichte Federn. (Ebenda, S. 55)

"Ausgangsmaterial" für die menschliche Paarbeziehung waren bereits bei Menschenaffen vorhandene Verhaltensformen, die nun verändert bzw. neu kombiniert wurden. Die "menschlichen Neuerungen" betrafen unter anderem die Erhöhung der Stärke und Beständigkeit der sexuellen Bedürfnisse sowie deren vorwiegendes Ausleben in einer festen Paarbeziehung. Mit letzterem ging eine verstärkte Gefühlsbindung an den Partner einher. (Ebenda)

Der für uns entscheidende Punkt ist die Übertragung der Mutter-Kind-Beziehung, insbesondere der Bindungsmerkmale der Mutter-Kind-Beziehung, auf einen andersgeschlechtlichen Erwachsenen. Diese Übertragung der emotionalen Grundgesetze der Mutter-Kind-Beziehung der Primaten auf die Paarbindung des Menschen bedeutet "evolutionstechnisch" einen großen Fortschritt: Die so befestigte sexuelle Paarbindung im Rahmen einer größeren sozialen Gruppe ermöglicht eine weitere wesentliche Ausdehnung der Kindheits- und damit der Lernperiode. Die Versorgung des Kindes ist nun durch zwei fest verbundene Erwachsene gesichert. Außerdem können komplexere Verhaltensmuster durch Identifizierung mit zwei Personen verinnerlicht werden. (Ebenda, S. 55 f.)

Allerdings mußte für diesen Fortschritt, wie wir noch sehen werden, ein hoher Preis bezahlt werden: Mit der Übertragung der emotionalen Mutter-Kind-Beziehung der Primaten auf die sexuelle Paarbindung des Menschen entstanden auch neue Probleme und Gefahren. Bevor wir uns diesen zuwenden, wollen wir uns aber erst einmal die wesentlichen Merkmale dieser Mutter-Kind-Beziehung, die auf die menschliche Paarbindung übertragen wurde, vergegenwärtigen und veranschaulichen.

Das herausragende Merkmal der Mutter-Kind-Beziehung ist die vollkommene Abhängigkeit des Kindes von der Mutter. Diese absolute Abhängigkeit ist evolutionstheoretisch gesehen weder unsinnig noch übertrieben, sondern "logisch" und notwendig: Affen- wie Menschenkinder sind während einer langen Lebensphase auf eine erwachsene Bezugsperson - das ist in der Regel die Mutter - angewiesen, ohne die sie zum physischen bzw. psychischen Tod verurteilt wären. Deshalb muß die Verbindung mit dieser Bezugsperson mit allen Mitteln und um jeden Preis aufrechterhalten werden. Tierversuche zeigen (und dies verdeutlicht nicht deren Notwendigkeit, sondern deren Unmoral!), daß das Bedürfnis des Kindes, der Mutter nahe zu sein, stärker ist als jedes (!) andere Bedürfnis. (Ebenda, S. 51 f.)

Wie stark dieses Bedürfnis ist, verdeutlichen ebenso drastisch wie plastisch Versuche, die der amerikanische Psychologe Harry Harlow mit seinem Kollegen Stephen Suomi durchgeführt hat. Sie beschreiben,

wie sie die "faszinierende Idee" hatten, Depressionen zu erzeugen, indem sie "Affenbabies gestatteten, sich an Surrogatmütter aus Stoff zu binden, die sich in Ungeheuer verwandeln konnten":

"Das erste dieser Ungeheuer war eine Affenmutter aus Stoff, die nach einem Stundenplan oder auf Verlangen mit Hochdruck komprimierte Luft ausstieß. Dem Tier wurde praktisch die Haut vom Körper geblasen. Und was tat das Affenbaby? Es klammerte sich immer inniger an die Mutter, weil ein erschrockenes Baby sich um jeden Preis an seine Mutter klammert. Wir erreichten keinerlei Psychopathologie. Wir gaben jedoch nicht auf. Wir bauten eine andere Ersatzmutter, ein Ungeheuer, das so

90

heftig schaukelte, daß Kopf und Zähne des Babys klapperten. Alles, was das Baby tat, war ein immer festeres Anklammern an die Ersatzmutter. Das dritte Ungeheuer, das wir bauten, hatte einen eingebauten Drahtrahmen im Körper, der heraussprang und den Säugling von der Bauchoberfläche der Ersatzmutter herunterwarf. Das Baby stand vom Boden auf, wartete, bis der Drahtrahmen wieder in dem Stoffkörper verschwunden war, und hängte sich dann wieder an die Ersatzmutter. Schließlich bauten wir unsere Stachelschwein-Mutter. Auf Kommando traten ihr aus der Bauchoberfläche scharfe Messingstacheln. Obwohl die Babies unter dieser stacheligen Zurückweisung litten, warteten sie einfach, bis die Stacheln wieder verschwanden, und kamen dann zurück und klammerten sich an die Mutter."

Diese Ergebnisse, so bemerken die Experimentatoren, sind nicht überraschend gewesen, da die einzige Zuflucht eines verletzten Kindes darin besteht, sich an seine Mutter zu klammern. (Singer, 1982, S. 59 f.)

Deutlicher läßt sich die Stärke der Mutter-Kind-Beziehung wohl kaum demonstrieren. Bemerkenswert an diesen Versuchen ist vor allem auch, daß sie zeigen, daß die Bindung an und die Sehnsucht nach der Mutter auch durch ein noch so - in diesem Falle buchstäblich - abstoßendes Verhalten der Mutter nicht vermindert wird. Selbst wenn die Mutter - wie in diesen Versuchen - ein wirkliches Ungeheuer ist, hat das Kind offenkundig ein unstillbares, existentielles Verlangen, ihr nahe zu sein.

"Man sucht die Mutter, die man kennt", zitiert Wolfgang Schmidbauer (1980, S. 52) John Rosen: Wenn ein kleines Kind sich verirrt hat, weint und schreit es und versucht verzweifelt, seine Mutter wiederzufinden. Und wenn diese eine Prostituierte, eine Sadistin oder eine Süchtige sein sollte - oder alles zusammen: Sie allein ist es, nach der sich das Kind sehnt. Fremde, und seien sie noch so liebenswürdig und freundlich, lehnt es ab. "Das Kind wünscht sich einzig und allein die Mutter herbei, die es kennt" (Rosen, 1964, S. 30).

Der gravierende Nachteil, der mit der Übertragung der Mutter-Kind-Beziehung auf die Paarbeziehung verbunden ist, liegt auf der Hand: Wenn man seinen Partner verliert, kann die Verzweiflung ebenso schrecklich und existentiell sein wie die Verzweiflung eines kleinen Kindes, das seine Mutter verloren hat.

Vor diesem Hintergrund wird nun verständlich, warum ansonsten ruhige, besonnene, gefestigte Menschen bei Krisen oder Scheitern ihrer Partnerschaft plötzlich so heftige, "irrationale" und kindliche Reaktionen zeigen. Wenn man sich an Stelle des Erwachsenen - der "objektiv", wie gesagt, ja durchaus alleine leben und überleben kann - ein verängstigtes, vereinsamtes, von völliger Verlassenheit bedrohtes Kind vorstellt, werden dessen Gefühle und Handlungen einfühlbar und verstehbar. (Schmidbauer, 1980, S. 57)

Die Sehnsucht nach dem vertrauten Partner drängt mit ähnlicher Macht nach Erfüllung wie die Sehnsucht des verlassenen Kindes nach der vertrauten Mutter. (Ebenda, S. 52) Eine 27jährige Ärztin berichtet (ebenda):

Als sich mein Mann immer mehr von mir zurückzog und ich gar keine Möglichkeit mehr sah, ihm nahe zu kommen, habe ich mit der Hand die Glastür zu seinem Zimmer eingeschlagen. Ich merkte nur noch, wie mir das Blut herunterlief und auf den Teppich tropfte ... Ich war verrückt, ich wollte einfach zu ihm, wollte die Glaswand zerschlagen, die ich zwischen ihm und mir spürte.

3.3 Wie verläuft die Trennung?

Die folgende Darstellung verschiedener Phasen und Aspekte der Trennung soll zweierlei verdeutlichen: die Allgemeingültigkeit des Phänomens, die ein Sich-wieder-Finden im Schicksal anderer ermöglichen soll, und die existentielle Tiefe der persönlichen Katastrophe, die eine Trennung bedeuten kann.

Igor A. Caruso (1968) benennt bereits im Titel des Buches, dessen Inhalt wir im folgenden teilweise kurz skizzieren wollen, die ganze prinzipielle Tragweite der Trennungskatastrophe: *Die Trennung der Liebenden - Eine Phänomenologie des Todes.*

Bei der Trennung geht es um *das Erleben des Todes im Leben,* genauer: um das Erleben des Todes des anderen in meinem Bewußtsein und um das Erleben meines Todes im Bewußtsein des anderen. Die Trennung ist der Einbruch des Todes ins Bewußtsein und kann deshalb eine größere Katastrophe sein als der Tod selbst: weil eben das Bewußtsein *von* einem Lebenden *in* einem Lebenden getötet wird, weil es um das Sterben, um die Auslöschung bei lebendigem Leib geht. (Ebenda, S. 20, 27)

Das Sterben im Bewußtsein, das Wissen um das Sterben im Bewußtsein führt zur *Verzweiflung,* zur berechtigten Verzweiflung, zur "totalen seelischen Sonnenfinsternis" (Leicht, 1999b, S. 45): Da waren zwei Menschen, zwei Ichs, einmal ganz eins, ineinander verwoben und miteinander verschmolzen, und jetzt sind sie getrennt. Der Verlust des anderen, des anderen Ich, mit dem man sich auch stark identifiziert hat, führt nun zur Verstümmelung des eigenen Ich, zum Identitätsverlust, zur Ich-Katastrophe. (Caruso, 1968, S. 27)

(Diesen Vorgang kann man sich veranschaulichen, wenn man sich vergegenwärtigt, daß das Ich im Grunde die Gesamtheit des Gedächtnisses darstellt: *Alles* vergessen, sich an *nichts* mehr erinnern, hieße, überhaupt kein Ich mehr haben. Werden Inhalte, die für die Identität des Ich wesentlich waren, vergessen bzw. verdrängt, so bedeutet das noch immer einen sehr gravierenden Identitätsverlust, eine Ich-Katastrophe. (Ebenda, S. 67))

Damit der Tod *im* Bewußtsein (des anderen) nun nicht zum Tod *des* (eigenen) Bewußtseins (in Form einer Psychose) führe und damit dem Tod im Bewußtsein nicht der physische Tod (durch psychosomatische Erkrankung oder Selbstmord) folge, setzen sofort psychische Abwehrmechanismen ein, die das Weiterleben sichern sollen: (Ebenda, S. 28)

3.3.1 Aggressivität

Die Aggressivität ermöglicht einerseits eine Abkehr vom Ex-Partner, indem sich Liebe in Haß verwandelt, erlaubt andererseits aber auch noch ein Hängenbleiben an ihm, indem man sich weiterhin mit ihm befaßt. In engem Zusammenhang mit der Aggression steht die Abwertung des Ex-Partners. Diese dient insofern dem Überleben, als es einem natürlich umso leichter fällt, sich mit dem Verlust einer Sache abzufinden, je weniger Wert man ihr zuschreibt. (Ebenda, S. 28)

Paradoxerweise geht mit der Abwertung aber auch eine Idealisierung einher. Positive Erinnerungen und Vorstellungen werden isoliert und quasi als Ganzes genommen: Wir konstruieren in unserem Bewußtsein allein aus den positiven Aspekten des verlorenen Partners ein neues, unrealistisches, idealisiertes Bild von ihm. Diese Idealisierung erklärt sich unter anderem aus der unerträglichen Spannung, die sich aus der Abwertung des Verlorenen einerseits und der nach wie vor empfundenen Liebe und Treue gegenüber ihm andererseits ergibt. Um diese Spannung zu mildern, wird der Gegenpol der Abwertung, die Idealisierung, mobilisiert. (Ebenda, S. 56-59)

Hinzugefügt sei hier, daß es gerade diese objektiv völlig ungerechtfertigte Idealisierung des Ex-Partners ist, die die Trennung von ihm so grenzenlos - und sinnlos! - unerträglich machen kann: Man sehnt sich nach einem Menschen, man verzehrt sich nach einem Menschen, den es in dieser Vollkommenheit überhaupt nie gegeben hat, geschweige denn jetzt noch gibt - und beraubt sich damit jener Erleichterung und Befriedigung, zu der jede Trennung objektiv auch immer Anlaß gibt: Der Mensch, mit dem man jetzt nicht mehr zusammen ist, hatte ja auch viele negative Eigenschaften, die einen jetzt nicht mehr belasten. Diese "unsinnige" Idealisierung des Ex-Partners werden wir auch in den Strategien zum Überleben von Trennungen im nächsten Kapitel berücksichtigen.

3.3.2 Gleichgültigkeit

Selbst bei größter Verzweiflung treten immer wieder auch Phasen der Gleichgültigkeit auf. Dabei ist nicht jene Gleichgültigkeit gemeint, die nach beendeter Trennungsarbeit zum Dauerzustand wird, sondern Perioden der Gefühlsabstumpfung während der Trennungsarbeit. Eine Ursache dieses Phänomens ist gewiß die emotionale Erschöpfung, die die Trennung mit sich bringt. (Ebenda, S. 103)

Zweck der Gleichgültigkeit ist wohl ein Ausweichen vor der bedrohlichen psychischen Realität. Dazu paßt, daß solche Gleichgültigkeits-Phasen zuweilen von "Fremdheits"-Phasen eingeleitet werden. So berichtet eine Betroffene, sie habe "manchmal das Gefühl des Fremdseins, alles wäre weit weg, entfernt, bizarr". Dann bemerkt sie, "daß diese Verfremdung eine Einleitung zur Gleichgültigkeit ist, eine Distanzierung zu dem tödlichen Erlebnis [zur Trennung, H. F. K.]." (Ebenda, S. 104)

3.3.3 Flucht nach vorne

Bei der "Flucht nach vorne" handelt es sich vor allem um eine Flucht in die Aktivität. Diese kann sich auf unterschiedliche Weise manifestieren: in einer (von der Gesellschaft und / oder vom Gewissen bejahten und belobigten) Leistung, also im Arbeiten, in irgendeiner Form der Vergnügungssucht oder im überstürzten Suchen nach einem neuen Partner, also nach einem Ersatz für den verlorenen Partner: "Man tötet besser, wenn man auch einen Ersatz für den Getöteten bereit hat." Will heißen: Die Auslöschung des verlorenen Partners im Bewußtsein funktioniert besser, wenn in der Realität schon ein neuer bereitsteht. Gemeinsam ist allen Manifestationen der Flucht in die Aktivität eine Ablenkungs- bzw. Betäubungsfunktion. Letztere besteht im "Zudecken" des Schmerzes durch Lusterlebnisse im engeren und weiteren Sinne.

Bei der Flucht in die Arbeit kann es - nach Überwindung der ersten Verzweiflung - sogar zu erstaunlichen objektiven Leistungen kommen, ebenso aber auch zu geradezu neurotischem Tätigkeitsdrang. (Ebenda, S. 29, 107 f.)

3.3.4 Ideologiebildung

Schließlich wird das Ende der Liebe rationalisiert, aus der Not eine Tugend gemacht, die (Ich-)Katastrophe in eine Ideologie verwandelt: stoische Philosophie, heroisches Selbstbewußtsein, milder Skeptizismus, Gottergebenheit sind Manifestationen dieser abschließenden Rationalisierung. Damit diese Verharmlosung gelingt, muß die Tiefe und existentielle Bedeutung der Beziehung verleugnet, zumindest verkleinert werden. Dies findet unter anderem darin seinen Ausdruck, daß neue Beziehungen als die erste "wirkliche" Liebe bezeichnet werden.

Um mit sich selbst "ins reine zu kommen", wird die frühere Beziehung soweit als möglich bagatellisiert und ihrem Ende ein "Sinn" verliehen. Dieser besteht in vermeintlich "grundlegenden Erkenntnissen" ("Alles ist vergänglich"), die in Wahrheit aber lediglich platte Allerweltsweisheiten sind. Tragisches wird in Tröstliches verwandelt, wie es auch angesichts des eigenen Todes geschieht: Das tragische Bewußtsein der eigenen Sterblichkeit wird in den tröstlichen Glauben an einen Sinn des Todes verwandelt. (Ebenda, S. 29, 111-115)

3.4 Wie überlebt man die Trennung?

Bevor wir uns den praktischen Strategien zum Überleben von Trennungen zuwenden, wollen wir noch kurz auf einige methodische Fragen eingehen. Zunächst zum möglichen Einwand, daß sich einige Strategien widersprächen (etwa Verdrängen und Rächen) und daher einige Strategien falsch sein müßten:

1. Zunächst muß unterschieden werden zwischen Wirksamkeit und Wirklichkeit. Aus dem einen lassen sich keine einfachen und zuverlässigen Schlüsse auf das andere ziehen. Ein Beispiel: An Gott zu glauben, ist für viele Menschen ein wirksames Mittel, um das Leben zu bewältigen. Daß es Gott aber wirklich gibt, folgt daraus natürlich in keiner Weise.

2. Nicht alle Strategien eignen sich gleich gut für alle Stadien der Trennungsbewältigung.

3. Nicht alle Strategien eignen sich gleich gut für alle Betroffenen.

4. Nicht alle Strategien müssen vollständig praktiziert werden. Vielmehr kann sich eine flexible Kombination als zweckmäßig erweisen, etwa, bestimmte, besonders schmerzhafte Erinnerungen zu verdrängen, anderes aber keineswegs zu vergessen und dafür Rache zu nehmen.

Die vorangegangenen theoretischen psychologisch-philosophischen Abschnitte unterscheiden sich vom folgenden praktischen Abschnitt zum Teil in bezug auf die "Ernsthaftigkeit" der Ausführungen. Im Vergleich zu den vorangegangenen Abschnitten erscheinen die folgenden Strategien vielleicht zuweilen "locker", "leichtfertig" oder "oberflächlich".

Dieser tendenzielle Widerspruch ergibt sich aus dem Umstand, daß es uns in den psychologisch-philosophischen Abschnitten darum ging, der ganzen Breite und Tiefe des Phänomens Trennung Rechnung zu tragen, während die folgenden Strategien dazu bestimmt sind, beim praktischen Überleben von Trennungen zu helfen. Maßnahmen zur praktischen Bewältigung einer Sache sind aber etwas völlig anderes als Ausführungen zu deren Erklärung und Erläuterung.

Ein Vergleich soll dies verdeutlichen: Medizinische Erste-Hilfe-Maßnahmen sind eine Sache, physiologische Erklärungen dafür, warum und wie sie wirken, eine ganz andere. Im ersten Fall geht es um die Sicherung des Überlebens, im zweiten um das Verstehen von Zusammenhängen. Und was für letzteres unabdingbar sein mag, kann für einen Erste-Hilfe-Katalog belanglos, ja höchst schädlich sein.

Andererseits sollte vermieden werden, was in Ratgebern häufig geschieht: daß der psychologischen Wirksamkeit von vornherein die philosophische Redlichkeit geopfert wird, sprich, in unserem Falle: daß um der Wirksamkeit praktischer Regeln willen das Trauma Trennung von Anfang an kleingeredet und verharmlost wird. Es war uns wichtig, zunächst einmal die Katastrophe Trennung - die ja auch als solche erlebt wird! - in ihrer ganzen existentiellen Dimension und Wucht ernstzunehmen und darzustellen.

Schließlich noch ein praktischer Hinweis zu den folgenden Strategien bzw. Regeln. Man sollte sich nicht dadurch entmutigen lassen, daß deren Erlernen und Einhalten Mühe, Geduld und Ausdauer erfordert. Das ist bei allen Regeln so, trifft aber hier in ganz besonderem Maße zu: Auch wenn man sich, beispielsweise, noch so fest vornimmt, nicht mehr an den Ex-Partner zu denken, wird man dabei doch immer wieder "rückfällig" werden. Aber dadurch darf man sich, wie gesagt, nicht entmutigen lassen. Schopenhauer (1977, VIII, S. 496 f.) vergleicht das Beherzigen von Lebensregeln mit dem Erlernen eines Musikinstruments oder Kampfsports:

Die Regel verstehn ist das Erste, sie ausüben lernen ist das Zweite. Jenes wird durch Vernunft auf Ein Mal, Dieses durch Uebung allmälig gewonnen. Man zeigt dem Schüler die Griffe auf dem Instrument, die Paraden und Stöße mit dem Rapier [Degen, H. F. K.]: er fehlt sogleich, trotz dem besten Vorsatze, dagegen, und meint nun, sie in der Schnelle des Notenlesens und der Hitze des Kampfes zu beobachten sei schier unmöglich. Dennoch lernt er es allmälig, durch Uebung, unter Straucheln, Fallen und Aufstehn.

3.4.1 Vergessen

Glücklich ist, wer vergißt, was nicht mehr zu ändern ist! Ob Vergessen bzw. Verdrängen langfristig möglich ist, ist bekanntlich umstritten. Daß es kurz- und mittelfristig funktioniert, ist aber sicher: Genauso wie man sich in eine Sache hineinsteigern kann, kann man auch Dinge gezielt aus dem Bewußtsein verbannen. Da es bei der Trennung wie bei allen großen Krisen zunächst einmal vor allem darum geht, das Jetzt, das Hier und Heute irgendwie zu meistern, kann Vergessen bzw. Verdrängen eine wichtige und wertvolle Überlebenshilfe darstellen.

Dazu braucht man nur - was freilich leichter gesagt als getan ist! - unerwünschte Gedanken sofort bei ihrem Auftreten abrupt abzubrechen. Am besten mit einem energisch gedachten oder gesprochenen: "Stopp!", "Halt!", "Aus!" Da es aber sehr schwer, ja fast unmöglich ist, das Bewußtsein "leer zu halten", also an nichts zu denken, sollte man den "verbannten" Gedanken sofort durch einen anderen ersetzen.

Hierzu empfiehlt es sich, stets einige "Ersatzgedanken" parat zu haben, am besten Gedanken an Dinge, die erfreulich und in absehbarer Zeit realisierbar sind. Mit diesen "Ersatzgedanken" kann man die unerwünschten Gedanken dann buchstäblich weg- bzw. verdrängen.

Bei grundsätzlich oder wahrscheinlich Unabänderlichem erhebt sich sowieso die Frage, was ein *Nicht*-Vergessen oder -Verdrängen, sprich: eine "Auseinandersetzung" mit dem Phänomen oder Problem eigentlich für einen Sinn haben sollte. Beispiel Sterblichkeit: Ohne unsere eigene Sterblichkeit die allermeiste Zeit völlig zu verdrängen, könnten wir überhaupt nicht leben!

Und wahrscheinlich ist es nicht nur praktisch notwendig, sondern auch prinzipiell sinnvoll, den Tod zu verdrängen - und sich des Lebens zu erfreuen. Die allseits und allezeit propagierte "mutige" und "reife" Erkenntnis, "daß der Tod zum Leben gehöre", daß nur mit der "Akzeptierung des Todes" ein "sinnvolles Leben" möglich sei usw., ist in Wirklichkeit nichts anderes als eine kindische Beschönigung einer existentiellen Katastrophe, die weder von Mut noch von Reife zeugt, sondern von der Unfähigkeit und Feigheit, den Tod als das wahrzunehmen, was er ist: die unverschämteste Gemeinheit und der größte Skandal, den sich die Natur, die Evolution oder wer auch immer erlaubt hat - und *erlauben konnte*. Bewußte Wesen, die leben wollen und leben wollen müssen, zu schaffen, um ihnen dann mitzuteilen, daß sie wieder sterben müssen, ist die größte Ungeheuerlichkeit, die sich denken läßt!

Eine "harmlosere" Möglichkeit, sich zu verdeutlichen, wie unsinnig es ist, sich über Unveränderliches den Kopf zu zerbrechen, bietet das Wetter: Es macht einfach keinen Sinn, darüber zu philosophieren, warum das Wetter so ist, wie es ist. Viel vernünftiger ist es zu überlegen, wie man sich mit dem *gegebenen* Wetter arrangieren, sprich: den Tag am besten nützen kann.

3.4.2 Arbeiten

Intensive Arbeit ist vielleicht das beste Mittel, um seinen Kummer zu vergessen. Das gilt freilich vor allem für "geistige Arbeit", jedenfalls für solche Arbeit, die unsere ganze Aufmerksamkeit beansprucht. Und weil Arbeit ein so hervorragendes Betäubungsmittel ist, sollte man auch auf den zu ausgiebigen Gebrauch anderer Betäubungsmittel, die konzentriertes Arbeiten behindern, verzichten. Daß dies nicht nur psychologische, sondern auch medizinische Vorteile mit sich bringt, macht das Ganze umso erfreulicher.

Anstatt dem Ex-Partner lange nachzutrauern, sollten man die neu gewonnenen Freiheiten und Möglichkeiten gezielt nutzen, um Vernünftiges zu leisten. Wenn sich das auch noch finanziell positiv niederschlägt - umso besser: Mit Geld läßt sich fast alles leichter ertragen. Außerdem: A good life is the best revenge!

3.4.3 Negativ Denken

Absolut tödlich ist es hingegen, sich an gemeinsame schöne Erlebnisse mit dem Ex-Partner zu erinnern. Das Teuflische ist, daß solche positiven Erinnerungen eine ausgesprochene Sogwirkung entwickeln: Hat man erst einmal damit begonnen, schönen Erinnerungen nachzuhängen, kommt man davon kaum mehr los - "Erinnern ist so einfach und Vergessen ist so schwer", wie es in einem Schlagertext so treffend heißt.

Wenn man sich aber schon erinnert - und daran kommt man kaum vorbei -, dann soll man sich bewußt *negativ* erinnern, das heißt nur an unschöne Dinge im Zusammenhang mit dem Ex-Partner denken, sodaß man allen Grund zur Dankbarkeit dafür hat, mit diesem Menschen nun nichts mehr zu tun zu haben. Dazu bedarf es in aller Regel keiner allzu großen Phantasie, weil ja jeder Mensch tatsächlich viele negative Eigenschaften hat!

Und diese negativen Eigenschaften samt ihren ärgerlichen Folgen sollte man sich konkret und anschaulich vergegenwärtigen, also aus der Not des Sich-immer-wieder-erinnern-Müssens eine Tugend machen und sich bewußt und gezielt an diese unerfreulichen Dinge erinnern. Dazu erstelle man sich am besten eine Liste, die stichwortartig folgendes enthält:
- die negativen Eigenschaften des Ex-Partners, zum Beispiel Unpünktlichkeit und Unaufrichtigkeit;
- konkrete ärgerliche Erlebnisse im Zusammenhang mit diesen negativen Eigenschaften;
- konkrete Vorteile, die sich aus der Trennung vom Ex-Partner ergeben, also Gründe dafür, für die jetzige Situation dankbar zu sein.

Nun nehme man sich systematisch einzelne Eigenschaften, Erlebnisse oder Vorteile aus dieser Liste heraus, um sie sich anschaulich zu vergegenwärtigen - und man wird feststellen, hier ein sehr wirksames Mittel zur Bekämpfung von Wut, Trauer und Verzweiflung zur Hand zu haben.

Empfehlenswert ist es auch, sich diese Liste nachts ans Bett zu legen: Gerade beim Träumen, im Halbschlaf oder bei Schlaflosigkeit ist man quälenden Erinnerungen und Gedanken ja besonders intensiv und hilflos ausgeliefert. Wenn man sich da einzelne Punkte - etwa negative Eigenschaften des Ex-Partners oder Vorteile, die sich daraus durch die Trennung ergeben - rasch, gezielt und anschaulich vergegenwärtigen kann, so ist dies ein sehr wirksames Beruhigungs- und damit Schlafmittel.

3.4.4 Vorwärts schauen

"Leben läßt sich nur rückwärts verstehen, muß aber vorwärts gelebt werden", sagt Soren Kierkegaard (zit. n. Lauster, 1991, S. 7). Ganz ähnlich Albert Einstein: Leben sei wie Radfahren: Bewege man sich nicht dauernd vorwärts, verliere man das Gleichgewicht.

Wie wahr: Wer zurückblickt - und das gilt ganz besonders für eine unglückliche Liebe -, verliert leicht den Verstand. Deshalb sollte man prinzipiell vorwärts schauen - wenn man sich nicht gerade (siehe oben) an eine negative Eigenschaft des Ex-Partners erinnert, über die man sich in der Zukunft nicht mehr zu ärgern braucht.

Für die Strategie des Vorwärts-Schauens sprechen im übrigen nicht nur psychologische Gründe und ihre Zweckmäßigkeit beschränkt sich keineswegs auf die Trennungssituation. Als grundsätzliche Haltung ist diese Zukunftsorientiertheit schlicht deshalb sinnvoll, weil sie eine ebenso banale wie unbestreitbare Grundtatsache des Lebens berücksichtigt und ernst nimmt: Die Zukunft können wir beeinflussen, die Vergangenheit nicht!

3.4.5 Rache

Zunächst und vor allem gilt für Rachegelüste das gleiche wie für den Trennungsschmerz: So "unsinnig", "unberechtigt" oder "falsch" sie "objektiv" auch immer sein mögen: wenn sie als alles beherrschende Gefühle vorhanden sind, kann man sie nicht einfach ignorieren, sondern muß irgendwie mit ihnen umgehen lernen, um nicht von ihnen verzehrt oder gar zerstört zu werden.

Sehen wir uns zuerst vielleicht einfach einmal ein - ziemlich harmloses - Beispiel für Rache an. Es stammt aus Regina Barrecas Buch *Süß ist die Rache* (1998, S. 7-10) und beinhaltet alle wichtigen Aspekte der Rache:

Es ist ein heißer, windstiller Sommernachmittag in Brooklyn, und ich bin ungefähr fünf Jahre alt. Unzählige Tanten, Großmütter und eine Handvoll Onkel sind über das Dreifamilienhaus verteilt, aber niemand von ihnen ist in meiner Nähe. Es herrscht eine trockene Stille, bis auf den Straßenverkehr vor dem Fenster, wo Autos hin und wieder etwas Schotter hochschleudern. Mein sechs Jahre älterer Bruder hat gerade meinen Kinderstolz gekränkt: Er hat seinem Freund, der im Hof hinter dem Haus Basketball spielt, erzählt, daß ich noch am Daumen lutsche. Die beiden lachen, und ich bleibe zurück mit einem Gefühl von Wut und Hilflosigkeit, das mich fast platzen läßt.

Ich hasse mich selbst wegen des Daumenlutschens, aber ich hasse meinen Bruder noch mehr, weil er das Geheimnis nur wegen eines Lachers dem netten Jungen preisgegeben hat, den ich insgeheim plane zu heiraten. Ich bin wild entschlossen, mich an meinem Bruder zu rächen. Ich schleiche in sein Zimmer im zweiten Stock, um seine kleinen Schildkröten auf den Rücken zu drehen. Die blauen Vorhänge flattern in einem plötzlichen Luftzug, und ich halte den Atem an. Ich habe schreckliche Angst, daß ein

Erwachsener mich bei meiner unheiligen Mission erwischen könnte. Ich tue meinem Bruder das Schlimmste an, was mir einfällt: Ich verletze etwas, woran er wirklich hängt, um Rache zu nehmen.

Ich schleiche mich ungesehen in das scheinbar unantastbare Heiligtum seines Zimmers und drehe die kleinen Geschöpfe eins nach dem anderen sehr vorsichtig um. Die Schildkröten sehen unglücklich und lächerlich aus. Sie haben zwar keine Schmerzen, aber ihre winzigen zappelnden Beinchen signalisieren Verzweiflung und Unbehagen. Das ist genau das Gefühl, das ich meinem Bruder wünsche; aber weil er älter ist und ich ihm nicht direkt etwas tun kann, muß ich mich mit einer Art indirekter Rache behelfen, die sich gegen diejenigen richtet, die er liebt und die unter seinem Schutz stehen. Ich hatte mich einmal selbst zu diesem Kreis gezählt, doch jetzt fühle ich mich verraten.

Der Verrat ist vielleicht das Schlimmste daran. Ich dachte, wir wären Verbündete, er und ich gegen die Gang der Erwachsenen, die sich den ganzen Tag lang in unserem Haus herumtrieb. Wäre es nur irgendein Kind aus der Nachbarschaft gewesen, das sich über mich lustig machte, hätte ich mir nicht einmal die Mühe gemacht, den Daumen aus dem Mund zu nehmen, um darauf zu antworten. (...)

Ich habe ihm ohne seine Zustimmung etwas angetan, genauso, wie er es mit mir gemacht hat. Ich habe die Waagschalen der Gerechtigkeit wieder ins Gleichgewicht gebracht, denke ich, und zwar auf eine Weise, die deutlich macht, daß man mich nicht behandeln kann, als würde ich nicht zählen. (...)

So funktioniert Rache. Wir gehen das Risiko ein, vieles zu verlieren, das uns normalerweise lieb und teuer ist: Selbstachtung, Stolz, Moral, ethische Grundsätze, Liebe und Familie. Auch wenn Rache meist mit unserem guten Eindruck von uns selbst (und unserem guten Eindruck bei anderen Leuten) bezahlt wird, hat man irgendwie das Gefühl, sie sei es wert gewesen.

Wie gesagt: Diese Geschichte enthält eigentlich alle wesentlichen Elemente der Rache:

- Rache bringt Genugtuung.
- Der vielleicht wichtigste Auslöser von Rache ist das Gefühl, verraten worden zu sein.
- Mit Rache versuchen wir, wieder Gerechtigkeit herzustellen.
- Rache kann eine recht riskante Sache sein.

Wir wollen nun auf die einzelnen Punkte etwas näher eingehen, uns das zuerst genannte Rache-Element, die Genugtuung, aber für den Schluß aufheben.

Verrat: Daß Verrat ein besonders wichtiger Auslöser von Rachegefühlen ist, ist für uns natürlich besonders interessant. Es ist also alles andere als verwunderlich, daß auch bei Trennungen, wo Gefühle des Verraten-worden-Seins ebenfalls eine wichtige Rolle spielen, starke Rachegefühle auftreten können.

Gerechtigkeit: Rache kann auch als tiefe Sehnsucht nach Gerechtigkeit bzw. nach Wiederherstellung von Gerechtigkeit angesehen werden. Hier liegt möglicherweise auch ein Grund für die unterschiedliche moralische Bewertung von Rache: Wer selbst gar keinen echten Sinn für Gerechtigkeit hat (weil es ihm immer und überall ausschließlich um den eigenen Vorteil geht), der hat vielleicht auch weniger Sehnsucht nach Gerechtigkeit - und damit nach Rache, um diese wiederherzustellen! Für viele Menschen ist das Leben so etwas wie ein Glücks- oder Geschicklichkeitsspiel, bei dem einmal der und einmal jener gewinnt. Außerdem: Wer selbst gewohnt ist, andere zu belügen und zu betrügen, wird auch anderen solche "Strategien" eher zugestehen bzw. weniger "krummnehmen".

Wenn allerdings (vgl. Barreca, 1998, S. 309) der Gerechtigkeitsaspekt der Rache in den Hintergrund tritt und nur mehr der Wunsch, jemanden zu beleidigen, vorherrscht, wird die Sache gefährlich: Man verliert leicht den Überblick und kann in eine Sackgasse geraten.

Gefahr: Wie gesagt: Den Überblick zu behalten, ist wichtig, sonst droht Gefahr:

Zwanghafte Rachegedanken, die wie Raubvögel in Ihrem Kopf kreisen, sind unzweckmäßig: Sie paralysieren Ihr Handeln .... Sie sind auf der Suche nach Beute und versuchen nicht, sich einen besseren Überblick zu verschaffen. In solchen Fällen blockiert Rache sinnvolles Handeln. (Ebenda)

Eine solche gefährliche, destruktive Rache kommt in C. de Bergeracs Ausspruch "Die Welt mag untergehen, wenn ich mich nur rächen kann" (zit. n. Normann / Peltzer, 1985, S. 457), zum Ausdruck.

Gewohnheitsmäßig betriebene Rache führt - auch da hat Barreca (S. 16), auf Rita Mae Brown hinweisend, recht - zur geistigen Sklaverei, weil Rache immer rückwärts gewandt ist: Rache ist Rückkehr zum Schauplatz früheren Schmerzes.

Den Überblick zu behalten, und das heißt vor allem auch, Maß und Ziel nicht aus den Augen zu verlieren, gelingt nur bei einer gewissen Kaltblütigkeit. Nicht umsonst heißt es in einem deutschen Sprichwort: "Die Rache ist ein Gericht, das man kalt verspeisen muß" (zit. n. Mehring, 1993, S. 191). Dazu paßt auch Schopenhauers (1977, VIII, S. 508) Bemerkung: "Die kaltblütigen Thiere allein sind die giftigen."

Schopenhauer (ebenda) rät auch eindringlich, Zorn oder Haß immer in Taten und nie in Worten oder Blicken zu zeigen. Letzteres sei lächerlich, dumm, nutzlos und gefährlich. Da ist wohl was dran: Bei der Rache geht es uns ja gerade darum, unmißverständlich klar zu machen, daß es uns jetzt ernst ist mit dem Reagieren, mit dem Konsequenzen-Ziehen, mit dem Es-sich-nicht-mehr-bieten-Lassen. Und das kann man mit Taten am überzeugendsten beweisen.

Genugtuung: "Genugtuung" ist ein sehr blaßes, schwaches Wort für die Empfindung, die man nach erfolgreicher Rache für Verletzung, Kränkung oder Verrat verspüren mag. "Triumph", "Befreiung" oder "Wiederauferstehung" sind oft die viel treffenderen Bezeichnungen für das Gefühl nach erfolgter Rache.

Üblicherweise wird Rache undifferenziert als psychologisch unreife und moralisch bedenkliche Reaktion kritisiert und verurteilt. Dabei wird übersehen, daß Rache zuweilen eine gute, manchmal vielleicht sogar die einzige Möglichkeit sein kann, sich aus einer ausweglos erscheinenden Lage zu befreien. Aus der Rolle des passiven Opfers in die des aktiven Rächers zu schlüpfen, kann psychologisch höchst hilfreich sein. Dazu wieder ein Beispiel von Barreca (S. 285-287):

Am 13. November 1994 wurde in einer englischen Zeitung ein langer Leserbrief über die Vorzüge von Rache veröffentlicht. Frank Ronan begann seine Zuschrift mit dem ebenso einfachen wie seltsamen Satz: "Gestern habe ich einen Teddybär ermordet." Weiter hieß es: "Es war ein Akt verrückter, kalter Wut. Ich hatte immer gehofft, zu so etwas nicht fähig zu sein oder es zumindest vermeiden zu können. Ich habe ihn niedergestochen, zerstückelt und auf der Türschwelle seines Besitzers in Fetzen geschnitten.

113

Ich habe den Kopf mitgenommen, damit er nie wieder repariert werden kann. Die Zerstörung dieses Objekts war aller Wahrscheinlichkeit nach das Schlimmste, was ich seinem Besitzer antun konnte, ohne eine Gefängnisstrafe zu riskieren." Ronan fügt hinzu: "Was passiert ist, war auch das Beste, was ich tun konnte, um nicht den Verstand zu verlieren. Über Nacht habe ich mich dadurch von einem selbstmordgefährdeten Wrack wieder in etwas verwandelt, das meinem früheren Selbst gleicht." (...)

"Noch vor ein paar Wochen", erklärt Ronan, "hätte ich mich vehement gegen Rache ausgesprochen. Ich dachte, daß das Gewissen über allen anderen Empfindungen stehen müsse, daß es wichtiger sei, gut und gerecht zu sein als irgend so eine alttestamentarische Genugtuung zu finden. Was ich damals noch nicht begriffen hatte, war die Psychologie eines Opfers und was es bedeutet, machtlos zu sein." Nachdem er sich selbst aus einer quälenden Beziehung befreit hatte, verspürte Ronan das Bedürfnis nach einer finalen Geste. "Durch einen glücklichen Zufall bot sich mir die Möglichkeit zur perfekten Rache. Das, was ich zerstörte, war ein lebloses Objekt und für niemanden von Wert - außer für seinen Besitzer. So konnte ich ihm einen kleinen Teil des Schmerzes zurückzahlen, den er mir so großzügig bemessen zugefügt hatte."

Für seinen Schlußstrich wählte Ronan einen Racheakt, der zwar emotional befriedigend, aber doch zweifelsohne eher harmlos war. Fraglos spürte auch sein einstiger Geliebter den Verlust eines geliebten und unersetzlichen Objekts, aber die Tiefe des Schmerzes, den Ronan ihm zufügte, lag eher in seiner symbolischen Bedeutung als in der eigentlichen Tat. "Mit diesem Mord machte ich nicht nur deutlich, wie sehr ich ihn haßte, sondern auch, daß dieser Haß gerechtfertigt war. Mit einer melodramatischen und symbolischen, aber effektiven Geste war ich frei." (...)

Natürlich war der Teddybär ein unschuldiger Beteiligter. Entscheidend für Ronan ist die emotionale Freiheit, die ihm diese Rache gegeben hat. Den Bär zu töten, erlaubte ihm - so absurd das klingen mag -, das Gefühl für sich selbst wiederzuentdecken. Er ist aus diesem kleinen, präzisen Racheakt in gewisser Weise wie neugeboren und mit der Gewißheit hervorgegangen, die Zukunft genießen zu können. Sein Schmerz ist zwar nicht sofort verschwunden, ist aber aus dem Vorder- in den Hintergrund getreten. Anstatt sich weiterhin an den Schmerz der Vergangenheit zu ketten und sein Leid tagtäglich neu zu durchleben, hat er sich gegen das Leid und für die Chance entschieden, eine neue Perspektive und ein mögliches Glück zu sehen.

Rache kann eine psychologische Notwendigkeit sein, weil sie ein Ventil darstellt, das die negativen, belastenden Gefühle in die richtige Richtung kanalisiert: nach außen anstatt nach innen, gegen sich selbst. (Vgl. Lermer / Meiser, 1995, S. 133 f.)

Neben diesen psychologischen Vorteilen hat Rache aber auch noch einen nicht zu unterschätzenden praktischen Nutzen: sie wirkt vorbeugend gegen neuerliche Angriffe und Beleidigungen: "Beißt dich ein Hund und du beißt ihn nicht wieder, so sagt er, du habest keine Zähne". (Sudanesisches Sprichwort, zit. n. Puntsch, 1997, S. 393)

Im übrigen verhält es sich mit der Rache nicht anders als mit anderen Impulsen, Kräften oder Gaben: man kann sie destruktiv ausleben oder positiv nutzen bzw. kanalisieren. So wie man bei Liebeskummer sich vor einen Zug werfen oder einen Roman schreiben kann und so wie man seinen Erfindungsreichtum in den Dienst einer Verbrecher- oder einer Wissenschaftlerkarriere stellen kann, so kann man sich auch mit Rache entweder selbst zerstören oder aber die Rache-Energie gezielt einsetzen und nutzen - etwa sich vornehmen, so erfolgreich zu sein, daß der Ex-Partner vor Zorn die Wände hoch geht.

3.4.6 Sex

Liebe, Verliebtheit und Idealisierung haben sehr viel mit unserer Sexualität zu tun, sie beruhen auf unserer Sexualität. Liebe ist genauso von Sexualität abhängig wie unser Bewußtsein von Gehirnprozessen abhängig ist. Und so wenig unsere Gedanken und Gefühle dadurch entwertet werden, daß sie physiologische Grundlagen haben, so wenig wird die Liebe dadurch entwertet, daß sie auf der Sexualität beruht. Hubert Rohracher (1971) hat diesen Sachverhalt des Nicht-entwertet-Werdens für unser Seelenleben wunderbar beschrieben:

Daß das gesamte psychische Geschehen von Gehirnprozessen abhängt, ist sicher - so sicher, wie eine naturwissenschaftliche Erkenntnis überhaupt sein kann. Es ist aber gar nicht einzusehen, warum die Gefühle für Freiheit und Recht oder das Streben nach sozialer Gerechtigkeit dadurch, daß ihnen Erregungsprozesse im Gehirn zugrunde liegen, entwertet werden könnten - so wenig die Schönheit einer Blume dadurch entwertet werden kann, daß sie in der Erde wurzelt. (S. 68)

Den engen Zusammenhang zwischen Verliebtheit und Idealisierung einerseits und Sexualität andererseits kann man sich vergegenwärtigen, indem man sich die (den) Geliebte(n) alt, krank und unansehnlich vorstellt: schon sind die Verliebtheit und das Begehren weg - wenn auch Liebe, Treue und Verbundenheit im nichtsexuellen, mitmenschlichen Sinne hoffentlich weiterbestehen.

Und eben weil der Zusammenhang zwischen Liebe und Sexualität so eng ist, können die Verlustgefühle bei verlorener Liebe durch guten Sex erheblich gemildert werden.

Ganz allgemein und über den Sex hinausgehend sollte man sich in der Trennungssituation auch vornehmen, sich konsequent selbst zu verwöhnen, Dinge zu tun, sich Wünsche zu erfüllen, wie man es ansonsten eigentlich nicht tut. Wenn sonst niemand gut zu einem ist, dann muß man es eben selber sein!

3.4.7 Ent-Täuschung

Wir sollten froh sein, wenigstens jetzt, spät, aber doch, über unseren Ex-Partner wirklich Bescheid zu wissen. (Die Rede ist jetzt vor allem von Trennungen, bei denen sich die Gefühle des Verraten-worden-Seins als real begründet erweisen.) Informationen über die Realität sind prinzipiell wünschenswert und vorteilhaft. So wie Wissen Macht bedeutet, bedeutet Unwissen Ohnmacht - und Gefahr: Was hätte die Zukunft an der Seite eines solchen Menschen noch alles an üblen Überraschungen bringen können! "Tausend Feinde außerhalb des Hauses sind besser als einer drinnen." (Arabisches Sprichwort, zit. n. Duden, 1993, S. 767)

Was Schopenhauer (1977) über das Ende des Lebens sagt, gilt auch für das Ende einer Beziehung mit einem Verräter: man verliert die Illusionen und erkennt die wahre Beschaffenheit der Dinge. Schopenhauer bringt zwei recht plastische Vergleiche:

Während sich uns in der Kindheit das Leben wie eine Theaterdekoration aus weiter Ferne darstellt, sehen wir diese im Alter aus nächster Nähe. (VIII, S. 522) Und: Das Ende des Lebens gleicht dem Ende eines Maskenballs. Wenn die Masken abgenommen werden, sieht man, "wer Diejenigen, mit denen man, während seines Lebenslaufs, in Berührung gekommen war, eigentlich gewesen sind" (ebenda, S. 533).

3.4.8 Schade um jeden Gedanken

Wir sollten uns bewußt machen, daß der Ex-Partner aufgrund unseres jetzigen Wissens über ihn es in Wirklichkeit nie wert war, von uns geliebt zu werden - und daß wir deshalb eigentlich heilfroh sein sollten, ihn endlich los zu sein! Vor allem aber sollten wir uns klar machen, daß jemand, der uns in dem Maße und auf diese Weise belogen, betrogen und verraten hat, es nicht wert ist, daß wir auch nur noch einen einzigen Gedanken an ihn verschwenden - geschweige denn, dauernd an ihn denken!

3.4.9 Keine irrealen Sehnsüchte

Man sollte sich die tatsächlichen negativen Eigenschaften des Ex-Partners gezielt vergegenwärtigen, anstatt sie zu vergessen und zu verdrängen: "Einen schlechten Zug eines Menschen jemals vergessen, ist wie wenn man schwer erworbenes Geld wegwürfe" (ebenda, S. 508). Dann erkannt man:

Die Sehnsucht nach diesem Menschen ist bei Lichte besehen unsinnig und irreal, weil man sich da nach einem Menschen sehnt, den es in dieser Beschaffenheit, die wir uns da in der Phantasie ausmalen, gar nie gegeben hat oder wenigstens jetzt nicht mehr gibt. Und das heißt ganz konkret: Wären wir mit diesem Menschen jetzt wirklich zusammen, würde unsere Sehnsucht gar nicht gestillt - weil wir es mit einem völlig "untauglichen Objekt" zu tun hätten!

3.4.10 Mehr war nicht möglich

Gib mir die Gelassenheit, Dinge hinzunehmen, die ich nicht ändern kann, den Mut, Dinge zu ändern, die ich ändern kann, und die Weisheit, das eine vom anderen zu unterscheiden. Reinhold Niebuhr (zit. n. Hösle, 1997, S. 252)

Kann man guten Gewissens sagen, alles zur Aufrechterhaltung oder "Rettung" der nun doch gescheiterten Beziehung getan zu haben, so sollte dies Grund für eine gewisse Gelassenheit sein: Mehr als alles kann man nicht tun.

Im moralischen Bereich ist diese Erkenntnis jedenfalls höchst beruhigend und befriedigend im Sinne von Frieden mit sich selber schaffend: Wenn man alles einem Mögliche, etwa zur Linderung von jemandes Leid, getan hat, sind (weitere) Selbstvorwürfe offenkundig unberechtigt.

Freilich: Was im Hinblick auf das *Gutsein* im Sinne der Selbstentlastung angesichts ausgeprägter oder überzogener Selbstansprüche funktioniert, muß im Hinblick auf das *Glücklichsein* (realistischer: im Hinblick auf das Nicht-Traurigsein) nicht ebenso wirksam sein. Aber eine gewisse Erleichterung angesichts verlorenen Glücks ist es auf alle Fälle, sich sagen zu können: Ich habe alles in meiner Macht Stehende getan, um diese Beziehung zu retten.

3.4.11 Besser ein Ende mit Schrecken

Das Ende der Liebe, das Ende des Glücks, das Zerschellen des Ideals an der erbarmungslosen Realität wäre sowieso einmal gekommen. "Das ist das Los, / Das Menschenlos: - was gut und groß / Und schön, das nimmt ein schlechtes Ende" (Heinrich Heine, 1996, S. 612). Oder wie Peter Lauster (1991, S. 49) so schrecklich sagt: "Es gibt keine Methode, eine vergangene Liebe zurückzuholen, wie es auch keine Methode gibt, eine bestehende Liebe am Leben zu erhalten."

Ein ideales Ende der Liebe gibt es ebensowenig und aus dem gleichen Grund nicht wie ein ideales Ende des Lebens. Man hat - theoretisch - lediglich die zweifelhafte Wahl zwischen zwei schrecklichen Alternativen: ein plötzliches Ende in der Blüte oder ein langsames Sterben bis zum endgültigen Aus. Es gibt kein schönes, sondern nur ein mehr oder weniger schreckliches Ende.

Und bei der Liebe ist ein Ende mit Schrecken, das man alleine trägt, vielleicht noch barmherziger als ein Schrecken ohne Ende, den man gemeinsam durchlebt, gezwungen, den Zerfall des Ideals täglich mitanzusehen und das Entsetzen darüber zu verbergen.

3.4.12 Schönes bewahren

Betrachten und bewahren wir das vergangene Schöne als abgeschlossenen Abschnitt unseres Lebens - unter einem Glassturz quasi, ohne Bezug zur Gegenwart, zur gegenwärtigen Wirklichkeit, zum gegenwärtigen Fühlen, zum gegenwärtigen Denken. Seien wir dankbar für das erlebte Glück und sensibel für neues Glück. Vor allem aber sollten wir uns fest vornehmen, in Hinkunft Schönes *in der Gegenwart*, dann, wenn es stattfindet, wenn es da ist, bewußt und ausgiebig zu würdigen und zu genießen. Jetzt wissen wir ja, wie selten, kurz und kostbar schöne Stunden sind!

Vergangenes Glück hat gegenüber gegenwärtigem und künftigem Glück ja auch einen Vorteil: Es kann uns von niemandem mehr genommen werden. Es bleibt in unserem Herzen, als Schatz, an dem wir uns erfreuen können. Und vielleicht gelingt uns dereinst sogar das Meisterstück, an der Trennung nicht mehr zu leiden und dennoch dem Verlorenen die Treue zu halten:

Ja, alles geht vorbei!
Nur dieses Wunderband,
Aus meines Wesens tiefstem Grunde
Zu ihrem Geist gespannt,
Das hat Bestand!

Clemens Brentano, 1996, S. 533

3.4.13 Dankbarkeit

The key to be joyful is to be grateful. Der Schlüssel zur Fröhlichkeit ist Dankbarkeit. Diesen Satz habe ich zufällig im Fernsehen gehört, von einer Frau, die irgendetwas Schreckliches erlebt hatte, eine Flugzeugentführung oder dergleichen. Und diese Aussage hat mich augenblicklich als elementare Erkenntnis elektrisiert: Wenn wir uns erst einmal darüber klar werden, für wieviele Dinge wir allen Grund haben, dankbar zu sein, sehen wir die Welt mit ganz anderen Augen.

Wir alle haben die fatale Gewohnheit, uns immer auf das zu konzentrieren, was gerade *nicht* in Ordnung ist oder in unserem Sinne verläuft. Schopenhauer (1977, VIII, S. 442) hat diese unglückselige menschliche Eigenschaft sehr anschaulich verdeutlicht:

Selbst wenn wir uns bester Gesundheit erfreuen und nur eine kleine wunde oder schmerzende Stelle haben, so freuen wir uns nicht über das - also fast alles! -, was an uns gesund und schmerzfrei ist, sondern konzentrieren uns auf diese eine kleine Stelle. Ebenso verfahren wir mit den Angelegenheiten unseres Lebens: Wenn alles in unserem Sinne verläuft bis auf eine winzige Widrigkeit, so denken wir unablässig an diese, anstatt uns darüber zu freuen, daß alles andere und zum Teil viel Wichtigere völlig in Ordnung ist.

Und in der Tat haben die meisten Menschen allen Grund, für vieles dankbar zu sein, für alles nämlich, was keineswegs selbstverständlich ist: für Gesundheit oder Teile davon (wenn man etwa von einer Krankheit genesen oder von einem Leiden befreit wurde), geliebte Menschen, Freunde, berufliche Möglichkeiten oder Erfolge, finanzielle Sicherheit, Wohnung, Essen und vieles andere mehr - und , nicht zu vergessen: kein Streit mehr mit dem Ex-Partner!

Um all diese Dinge, für die wir dankbar sein sollten, auch wirklich zu würdigen und damit unser Wohlbefinden zu heben, (oder wenigstens unseren Schmerz zu lindern), empfiehlt Schopenhauer (vgl. oben, 2.5) folgende ebenso einfache wie wirksame Methode:

Anstatt wie üblich und gewohnt, beim Anblick dessen, was wir nicht besitzen, zu denken: "Wie toll wäre es doch, wenn ich das hätte!", sollten wir öfter beim Anblick dessen, was wir besitzen, denken: "Wie traurig wäre es doch, wenn ich das *nicht* hätte!" Das heißt, wir sollten zuweilen die Dinge, die wir haben, so ansehen, wie sie uns vorschweben würden, nachdem wir sie verloren hätten. Dann erkennen wir den wahren Wert dieser Dinge und werden glücklich und dankbar sein, sie zu besitzen.

Literatur

Barreca, Regina: Süß ist die Rache. München: Deutscher Taschenbuch Verlag, 1998.

Bialonczyk, Emanuel, Kropatsch, Otwald: Begegnungen. Wien: Österreichischer Bundesverlag für Unterricht, Wissenschaft und Kunst, o. J.

Brentano, Clemens: Wiegenlied eines jammernden Herzens. In: Friedhelm Kemp (Hg.): Deutsche Liebesdichtung aus acht Jahrhunderten. Zürich: Manesse, 1996.

Caruso, Igor A.: Die Trennung der Liebenden. Eine Phänomenologie des Todes. Bern: Huber, 1968.

Duden Zitate und Aussprüche. Mannheim: Dudenverlag, 1993.

Freud, Sigmund: Das Unbehagen in der Kultur. In: ders.: Studienausgabe. Band IX. Frankfurt: Fischer, 1974.

Goethe, Johann Wolfgang [von]: Lesebuch. In: Friedhelm Kemp (Hg.): Deutsche Liebesdichtung aus acht Jahrhunderten. Zürich: Manesse, 1996.

Günderode, Karoline von: Die eine Klage. In: Friedhelm Kemp (Hg.): Deutsche Liebesdichtung aus acht Jahrhunderten. Zürich: Manesse, 1996.

Heine, Heinrich: Lotosblume. In: Friedhelm Kemp (Hg.): Deutsche Liebesdichtung aus acht Jahrhunderten. Zürich: Manesse, 1996.

Hösle, Vittorio: "Wir brauchen moralische Energie", Der Spiegel, 46, 1997 (Interview).

Horstmann, Ulrich: Das Untier. [Frankfurt:] Suhrkamp, 1985.

Lauster, Peter: Liebeskummer als Weg der Reifung. Düsseldorf: Econ, 1991.

Leicht, Robert: 2000 Jahre im Widerspruch, Die Zeit, 14, 1999a.

Leicht, Robert: Ein ganz frommer Jude, Die Zeit, 15, 1999b.

Lermer, Stephan, Meiser, Hans Christian: Der verlassene Mann. Frankfurt: Fischer, 1995.

Mehring, Margit (Hg.): Zitate und Sprichwörter von A bis Z. Niedernhausen: Bassermann, 1993.

Nenning, Günther: "Ich bin nun einmal ziemlich verlogen", Neue Kronen Zeitung, 1. 5. 1999.

Normann, Reinhard von, Peltzer, Karl: Das treffende Zitat. Thun: Ott, 1985.

Puntsch, Eberhard: Das große Handbuch der Zitate. Berlin: Signa, 1997.

Rilke, Rainer Maria: Wie soll ich meine Seele halten. Frankfurt: Insel, 1994.

Rohracher, Hubert: Einführung in die Psychologie. Wien: Urban & Schwarzenberg, 1971.

Rosen, John N.: Psychotherapie der Psychosen. Stuttgart, 1964.

Schiller, Friedrich [von]: Das Geheimnis der Reminiszenz. In: Friedhelm Kemp (Hg.): Deutsche Liebesdichtung aus acht Jahrhunderten. Zürich: Manesse, 1996.

Schmidbauer, Wolfgang: Alles oder nichts. Über die Destruktivität von Idealen. Reinbek: Rowohlt, 1980.

Schopenhauer, Arthur: Zürcher Ausgabe. Werke in zehn Bänden. Zürich: Diogenes, 1977.

Singer, Peter: Befreiung der Tiere. München: Hirthammer, 1982.

Stemmler, Theo (Hg.): Liebe als Krankheit. Tübingen: Narr, 1990.